야금야금 무심코 배우는 진짜
기초 중국어

야금야금 무심코 배우는 진짜
기초 중국어

저　　　자	변경숙
발 행 인	윤우상
책임편집	최준명, 윤병호
북디자인	Design Didot
초판인쇄	2008년 12월 15일
발 행 일	2008년 12월 22일
발 행 처	송산출판사
주　　　소	서울특별시 서대문구 홍제4동 104-6
전　　　화	(02)735-6189
팩　　　스	(02)737-2260
홈페이지	www.songsanpub.co.kr
E-mail	songsan1@korea.com
등 록 일	1976년 2월 2일 제9-40호

ISBN 978-89-7780-127-1-13720

야금야금 무심코 배우는 진짜
기초 중국어

변경숙 지음

송산출판사

들어가는 말

외국어를 배운다는 것은 대부분의 사람들에게 있어 설렘보다는 두려움이 앞서는 하나의 큰 부담으로 다가오는 일 일 것이다. 그러나 우리는 외국어를 배워야 하는 '역사적 사명'을 띠고 이 땅에 존재하고 있는 듯, 한 두 개의 외국어 구사는 인생을 살아가는 데 있어 이제 '필수'조건이 되어 버리고 말았다.

그렇다면 어차피 해야 할 일을 울며 겨자 먹기 식으로 얼굴을 찡그리며, '십자가를 진 듯' 고통스런 표정으로 해야 한다면, 이 또한 얼마나 가슴 아픈 일이겠는가?

중국어를 공부하고 있는, 혹은 하고자 하는 학생들에게서 가장 자주 듣는 질문중의 하나로 "어떻게 해야 중국어를 빨리 배울 수 있나요?" 라는 것이다. 이러한 질문을 하는 학생들의 심정은 충분히 이해한다. 그러나 안타깝지만 모든 외국어나 마찬가지로 중국어를 배우는데 있어서도 '왕도'란 없다. 그저 꾸준히 노력하는 길 밖에. 하지만 이 길을 가는 데 있어 가장 중요한 요소는 바로 '흥미'라고 생각한다. 중국어에 '중'자도 몰랐던 필자가 중국어를 계속하게 된 동기도 바로 '흥미'에 있었기에 자신 있게 말할 수 있는 것이다. 여기에는 자신의 의지도 중요하지만, 어떤 선생님과의 만남, 어떤 학습서와의 만남도 결정적 동기가 될 수 있다.

본서는 학습서로서 바로 지금 막 중국어를 시작하는, 시작해 보려는 학습자들에게 '흥미'유발의 '결정적 동기'가 되기를 간절히 희망한나.

마지막으로 본서를 통해 중국어를 배우는 학습자들에게 한 마디 당부의 말을 남기며 투박한 머리글을 마무리 지을까 한다. 그것은 바로 '하면 된다' 라는 자신감 있는 태도를 잃지 말자는 것이다.

2008년 저자 변경숙

이 책의 특징

필자는 다년간 중국어를 가르치면서 어떠한 교습 방법이 학습자들에게 도움이 될 수 있을까 및 학습자들의 입장에서 어떻게 하면 좀 더 친근하게 중국어를 학습할 수 있을지에 대한 고민을 줄 곧 해왔다. 이러한 고민은 본서를 구상하게 되는 결정적인 동기가 되었다.

본서의 특징은 아래와 같다.

첫째, 본서는 한국에서 유학, 연수, 혹은 사업 등 여러 가지 이유로 중국에 가게 되는 과정을 출발에서 귀국하기까지 총 15과로 기초적인 중국어 어휘에 맞추어 상황별로 구성하였다.

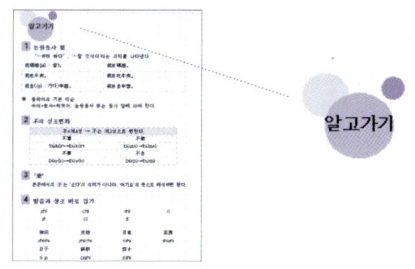

알고가기

둘째, 완전 초보 학습자들임을 고려해 어렵고 복잡한 어법보다는 '알고 가기'라는 코너를 마련해 초보학습자로서 반드시 알아야 할 어법을 쉽고 간단하게 풀이해 놓았다.

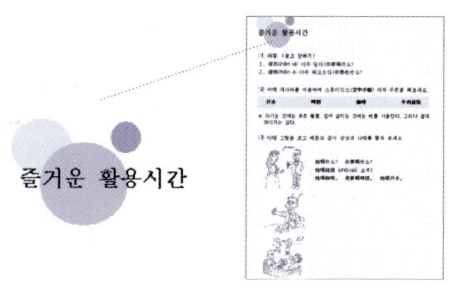

즐거운 활용시간

셋째, 기존의 여러 학습서의 방대한 량의 연습문제는 학습자들에게 부담을 줄 뿐 아니라, 너무 어렵게 느껴져 학습자들의 학습의욕을 저하시키는 현상을 볼 수 있었다. 따라서 본서는 '즐거운 활용시간'이라는 코너를 통해 각 과에서 배운 내용을 자연스럽게 정리 및 반복 복습할 수 있도록 구성하였다.

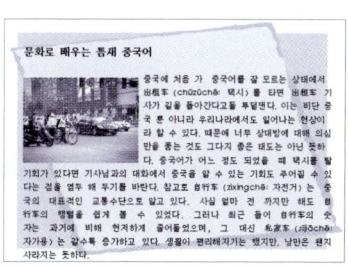

넷째, '문화로 배우는 틈새 중국어'에서는 중국인들의 일상생활을 간단하면서도 흥미롭게 소개했으며, 그 과정에서 단어 한 두 개씩을 중국어로 표기해 자연스럽게 중국어를 익힐 수 있게 했다. 이 코너에서는 중국의 일상문화와 중국어를 동시에 이해할 수 있는 일거양득의 학습 효과를 올릴 수 있을 것이다.

목 차

중국의 이해

千里之行，始于足下
qiānlǐzhīxíng, shǐyúzúxià

천릿길도 한 걸음부터

중국의 이해

<중국 전도>

1 보통화(普通话)란?

중국은 광활한 국토에 한족(汉族)을 비롯한 55개의 소수민족으로 구성되어 있고, 지역마다 독특한 방언을 사용하고 있으며, 방언으로는 지역 간 언어 소통이 불가능할 정도다. 이에 1955년 중국사회과학원은 '현대한어규범문제학술회의'에서 중국의 공동언어를 '보통화(普通话)'로 정하고 전국에 보급하기 시작한다. 이 회의에서 표준어의 정의를 북경발음을 기본으로 하고, 북방 방언의 어휘를 기초로 하며, 모범적인 현대문학 작품의 어법을 바탕으로 하여 공통어를 지정한 것이 보통화 이다. 보통화는 우리나라의 표준어로 이해하면 된다.

01 북방(北方)과 남방(南方)이란?

양자강을 중심으로 보통 양자강 이북 지역을 북방(北方)이라 하고, 이남 지역을 남방(南方)이라 한다. 북방인과 남방인을 구별할 수 있는 여러 가지 방법 중의 하나로 '발음'을 들 수 있다.

* 중국인들은 우리가 흔히 알고 있는 양자강(揚子江)을 장강(长江)이라고 부르며 양자 강은 장강의 한 부분을 의미한다고 한다.

02 만다린이란? 보통화를 일컫는다. 많은 중국인들은 '만다린'이라는 말 자체를 모르는 경우가 많다. 만다린은 오래전 서양사람들에 의해 붙여진 명칭어다.

03 광동어란? 홍콩과 광동지역에서 사용되는 말을 일컫는다.

2 번체자와 간체자

韓國 ↔ 韩国
體育 ↔ 体育
勞動 ↔ 劳动

상단 좌측 부분은 번체자, 우측은 간체자이다. 번체자는 대만과 홍콩지역에서 쓰이며, 간체자는 보통화에서 쓰인다.

3 한어병음(汉语拼音)

중국 한자의 발음을 표기하는 방법이다. 중국어 독음은 로마자로 표기된다. 중국정부가 공식 발표한 <한어병음방안(汉语拼音方案)>은 1956년에 제정되었고, 1958년2월에 제1차 중국인민대표대회에서 통과하여 공식발표되었다.

병음은 성모와 운모의 결합으로 이루어진다. **h+ǎo=hǎo** 검정색 부분을 성모, 회색 부분을 운모라 한다.

운모에는 단운모와 복운모가 있다.

운모가 하나인 경우를 단운모라 하고 여기에는 a, o, e, i, u, ü 6개가 있다.

두 개 이상의 운모로 결합된 것을 복운모라하고 여기에는 ao, ai, ou, ei 등이 있다.

4 성조

보통화의 성조는 4성으로 이루어져있으며, 아무런 성조 표기가 없을 경우 경성이라 하며, 가볍게 읽혀진다.

제 1성	제 2성	제 3성	제 4성
ā	á	ǎ	à

※ 성모와 운모의 발음 연습은 제 1 성으로 한다.

5 중국어의 성모와 운모 발음연습

성모표

b(o)	p(o)	m(o)	f(o)
d(e)	t(e)	n(e)	l(e)
g(e)	k(e)	h(e)	
j(i)	q(i)	x(i)	
zh(i)	ch(i)	sh(i)	r(i)
z(i)	c(i)	s(i)	

※   zh   ch   sh   r
        z   c   s

뒤에 나오는 i 는 '으'라고 읽는다.

🌀 운모표

	a	o	e	ai	ei	ao	ou	an	en	ang	eng	ong
i	ia		ie			iao	iou (iu)	ian	in	iang	ing	iong
u	ua	uo		uai	uei (ui)			uan	uen (un)	uang	ueng	
ü		üe						üan	ün			
		er										

6 중국어의 기본 구조

01 한자, 한어병음, 성조는 보통화의 기본 구조이며, 중국어를 처음 배우는 기초 학습자들은 이 기본구조를 반드시 함께 외워야 한다.

韩	国	中	国
h+an	g+uo	zh+ong	g+uo
hán	guó	zhōng	guó

02 음절을 쓰는 규칙

❶ **y의 사용**: i 가 성모가 없는 경우 i 뒤에 모음이 따라오면 i 를 y 로 쓴다.

亚	也	要	有	言
ia→yà	ie→yě	iao→yào	iou→yǒu	ian→yán

i 뒤에 다른 모음이 따라오지 않으면 i 앞에 y 를 붙인다.

一	音	应
i→yī	in→yīn	ing→yīng

❷ **w의 사용**: u 가 성모 없는 경우 u 뒤에 모음이 따라오면 u 를 w 로 쓴다.

哇	我	外	晚
ua→wā	uo→wǒ	uai→wài	uan→wǎn

만약 u 뒤에 다른 모음이 따라오지 않으면 u 앞에 w 를 붙인다.
예: 五 u→wǔ

❸ **ü의 사용**: 성모가 없는 경우 ü 뒤에 다른 모음이 있든 없든 ü앞에 y를 붙인다. 그리고 Y를 붙인 후 ü 위의 두 점이 생략된다.

雨	月	元	云
ü→yǔ	üe→yuè	üan→yuán	ün→yún

❹ **ü, üe, üan의 변화**: ü, üe, üan이 성모 j, q, x, y와 결합하면 아래와 같이 변하나, 발음은 여전히 ü라고 읽는다.

ju	jue	juan
qu	que	quan
xu	xue	xuan
yu	yue	yuan

❺ **생략법** : iou, uei, uen앞에 성모를 붙일 때 iu, ui, un으로 쓴다. 그러나　생략된 부분까지도 정확하게 발음해야 한다.

niou→niu	jiou→jiu	xiou→xiu
chuei→chui	kuei→kui	guei→gui
suen→sun	zuen→zun	cuen→cun

7 성조 표기법

01 하나의 음절에 모음이 하나일 경우 성조는 모음 위에 표시하고, 두 개 이상의 모음으로 이루어진 음절은 주요 모음위에 표시한다.

| 爸 | 哥 | 好 | 坐 |
| bà | gē | hǎo | zuò |

02 i 와 u 가 같이 올 경우, 뒤의 모음 위에 성조를 표시한다.

| 留 | 球 | 鬼 | 队 |
| liú | qiú | guǐ | duì |

03 성조가 i 위에 표기되는 경우 i 위의 점이 생략된다.

| 一 | 米 | 新 | 京 |
| yī | mǐ | xīn | jīng |

04 경성은 성조를 표기하지 않는다.

| 早上 | 名字 | 弟弟 |
| zǎoshang | míngzi | dìdi |

你好!
Nǐ hǎo!

중국어 인사말 익히기
형용사 술어문 이해하기
의문조사 **吗**와 **呢** 익히기

亦心: 你好!
yì xīn   Nǐ hǎo!

徒映: 好! 你呢?
tú yìng   Hǎo! Nǐ ne?

亦心: 我也很好! 你妈妈好吗?
yì xīn   Wǒ yě hěn hǎo! Nǐ māma hǎo ma?

徒映: 她也很好!
tú yìng   Tā yě hěn hǎo!

새로 나온 단어

你	nǐ	대사	너. 당신
好	hǎo	형용사	좋다
她	tā	대사	그녀
也	yě	부사	~도
很	hěn	부사	아주. 몹시. 매우. 대단히
呢	ne	의문조사	의문문의 문미에 붙여 어기를 조절한다.
吗	ma	의문조사	~입니까?
爸爸	bà ba	명사	아빠
妈妈	mā ma	명사	엄마
爱人	ài ren	명사	남편 혹은 아내
哥哥	gē ge	명사	형 혹은 오빠
姐姐	jiě jie	명사	누나 혹은 언니
弟弟	dì di	명사	남동생
妹妹	mèi mei	명사	여동생
老师	lǎo shī	명사	선생님

알고가기

1 형용사 술어문: 술어의 주요 성분이 형용사인 문장

주어+부사어+형용사

예: 1)　　　她　　　很　　　好
　　 2)　　　他　　　很　　　帅(shuài:멋있다)

예문1), 2)에서 '很'은 중요한 의미를 가지고 있지 않다.

2　'吗'를 이용한 의문문

평서문 말미에 의문조사 '吗'를 붙이면 의문문이 된다. '~입니까' 의 의미를 나타낸다.

1)　我很好　　　　　　→　　　　　你好吗?

2)　他也很好　　　　　→　　　　　他也好吗?

3)　我妈妈很好　　　　→　　　　　你妈妈好吗?

3　'呢'

앞의 화제와 관련된 내용을 이어 질문할 때 사용된다.

1)　我很好! 你呢? 나는 잘 지내요. 당신은요?

2)　我妈妈很忙 (máng: 바쁘다) , 你妈妈呢?

4 복수형　만들기

1인칭	我 (wǒ : 나)	我们 (wǒmen : 우리)	
2인칭	你 (nǐ : 당신)	你们 (nǐmen : 당신들)	
3인칭	他 (tā : 그)	他们 (tāmen : 그들)	
	她 (tā : 그녀)	她们 (tāmen : 그녀들)	
	它 (tā : 사물, 동물)	它们 (tāmen : 사물들, 동물들)	

5 您 nín

중국어는 한국어와 달리 경어가 거의 없어 오히려 사용하기에 편리할 수 있다. 흔치 않은 경어중의 하나로 您(nín)이 있으며, 상대방을 높여 부를 때 사용한다.

6 제3성의 성조변화

1) **제3성+제3성** 일 경우 **제2성+제3성**으로 성조변화를 일으킨다.

2) **제3성+제1성, 제3성+제2성, 제3성+제4성, 제3성+경성** 일 경우
   반3성+제1성, 제2성, 제3성, 경성으로 성조변화를 일으킨다.

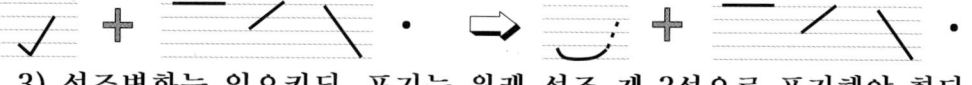

3) 성조변화는 일으키되, 표기는 원래 성조 제 3성으로 표기해야 한다.

제3성+제3성	nǐ hǎo 你好	hǎo jiǔ 好久	měi hǎo 美好	shuǐ guǒ 水果
제3성+제1성	lǎo shī 老师	běi jīng 北京	pǔ tōng 普通	qǐ fēi 起飞
제3성+제2성	měi guó 美国	qǐ chuáng 起床	xǐ táng 喜糖	jǐng chá 警察
제3성+제4성	kě ài 可爱	zǎo fàn 早饭	běn shì 本事	nǔ lì 努力
제3성+경성	běn zi 本子	sǎng zi 嗓子	xǐ huan 喜欢	jiǎo zi 饺子

즐거운 활용시간

01 아래 제시어를 이용하여 인사를 나눠보세요.

| 爸爸 | 妈妈 | 哥哥 | 姐姐 | 弟弟 | 爱人 | 老师 | 妹妹 |

02 아래 그림을 보고 예문과 같이 상상의 나래를 펼쳐 보세요.

他好吗？　你弟弟好吗？　你爸爸好吗？
他不好。　他很好！　我爸爸不好。

03 아래 한어병음을 읽으며 중국어로 옮겨놓으세요.

gē ge　　mā ma　　lǎo shī　　jiě jie　　bà ba　　dì di

04 한자, 한어병음, 뜻이 알맞은 것끼리 줄을 이으세요.

你们	tā men	언니, 누나
他们	nǐ men	형, 오빠
老师	lǎo shī	선생님
哥哥	jiě jie	당신들
姐姐	gē ge	그들

번체자와 간체자 연습

們 들을 문					
们 men					
愛 사랑 애					
爱 ài					

문화로 배우는 틈새 중국어

중국에서는 爸爸, 妈妈, 老师 등 윗분들에게도 你好! 라고 인사를 한다. 그러나 깍듯하게 예의를 갖춰야 할 자리에서는 您好! 라고 정중히 인사한다. 인사를 할 때는 한국처럼 고개를 숙이며 하는 경우가 거의 없는데 그렇다고 예의에 어긋난다는 생각은 전혀 들지 않는다. 처음엔 약간 부자연스럽지만 조금 생활하다보면 没问题 (méiwèntí: 아무 문제 없음)。아침 일찍 만났을 때는 早! (zǎo)라고 외치고, 밤에 잘 자라고 할 때는 晚安! (wǎn'ān) 이라고 다정하게 말한다.

第二课
dì èr kè

你要什么?
Nǐ yào shén me?

능원동사 **要** 익히기

의문대사 **什么** 익히기

空中小姐:
kōng zhōng xiǎo jiě

你要喝什么？
Nǐ yào hē shénme?

徒映:
tú yìng

我要喝茶。
Wǒ yào hē chá.

空中小姐:
kōng zhōng xiǎo jiě

你要吃什么？
Nǐ yào chī shénme?

徒映:
tú yìng

我要吃面条。
Wǒ yào chī miàntiáo.

空中小姐:
kōng zhōng xiǎo jiě

来！
Lái!

徒映:
tú yìng

谢谢。
Xièxie.

空中小姐:
kōng zhōng xiǎo jiě

不客气。
Búkèqi.

새로 나온 단어

空中小姐	kōng zhōng xiǎo jiě	명사	스튜어디스
要	yào	동사	~을 하고 싶다. 필요로 하다. 갖고 싶다. 원하다
喝	hē	동사	마시다
什么	shén me	의문대사	무엇. 무슨
茶	chá	명사	차
开水	kāi shuǐ	명사	끓인 물
啤酒	pí jiǔ	명사	맥주
咖啡	kā fēi	명사	커피
吃	chī	동사	먹다
面条	miàn tiáo	명사	국수
牛肉	niú ròu	명사	소고기
来	lái	동사	오다
盖饭	gài fàn	명사	덮밥
谢谢	xiè xie		고맙습니다
不	bù	부사	~아니다
客气	kè qi		사양하다. 공손하다. 겸손하다

알고가기

1 능원동사 要

'~하려 하다', '~할 것이다'라는 의미를 나타낸다.

我喝酒(jiǔ : 술)。	我要喝酒。
我吃牛肉。	我要吃牛肉。
我去(qù : 가다)中国。	我要去中国。

※ 중국어의 기본 어순
  주어+동사+목적어, 능원동사 要는 동사 앞에 와야 한다.

2 不의 성조변화

不+제4성 → 不는 제2성으로 변한다.	
不看	不做
bùkàn→búkàn	bùzuò→búzuò
不要	不去
bùyào→búyào	bùqù→búqù

3 '来'

본문에서의 '来'는 '오다'의 의미가 아니라, '여기요'의 뜻으로 해석하면 된다.

4 발음과 성조 바로 잡기

zhī	chī	shī	rī
zī	cī	sī	

知识	支持	日食	实质
zhīshi	zhīchí	rìshí	shízhì

日子	辞职	四十	
rì zi	cízhí	sìshí	

즐거운 활용시간

01 问答 (묻고 답하기)
1. 很热(hěn rè: 아주 덥다)你要喝什么?
2. 很饿(hěn è: 아주 배고프다)你要吃什么?

02 아래 제시어를 이용하여 스튜어디스(**空中小姐**)에게 주문을 해보세요.

开水	啤酒	咖啡	牛肉盖饭

※ 마시는 것에는 주로 喝를, 씹어 삼키는 것에는 吃를 사용한다. 그러나 절대적이지는 않다.

03 아래 그림을 보고 예문과 같이 상상의 나래를 펼쳐 보세요.

她喝什么? 你要喝什么?
她喝烧酒 (shāojiǔ: 소주)
她喝咖啡。 我要喝啤酒。 她喝开水。

04 아래 한어병음을 읽으며 한자로 옮겨놓으세요.

shén me   pí jiǔ   kā fēi   chī

gài fàn   xiè xie   bú kè qi   chá

05 한자, 한어병음, 뜻이 알맞은 것끼리 줄을 이으세요.

吃	xiè xie	고맙습니다
喝	pí jiǔ	국수
面条	bú kè qi	먹다
啤酒	chī	마시다
盖饭	gài fàn	덮밥
不客气	hē	맥주
谢谢	miàn tiáo	별말씀을요

문화로 배우는 틈새 중국어

언제부터인지 咖啡를 '몹시' 즐겨 마시고 있는 우리와는 달리, 중국인들은 茶를 정말 즐겨 마신다. 중국에서 친구 집에 놀러가게 되면 일반적으로 제일 먼저 내오는 것이 茶다. 또한 중국의 거리를 걷다보면 '茶馆(cháguǎn: 찻집)'이라는 곳을 볼 수 있는데, 그곳에 들어가면 많은 젊은이들이 茶를 마시며 이야기를 나누기도 하고, 포커를 치기도 한다. 한 번 앉으면 시간 가는 줄 모른다는 것. 여유로움일까? 여기서 오랜 세월동안 한국인들에게 각인된 중국인들에 대한 오해를 벗어 버리자. 중국에서 생활하다 보면 중국인들은 절대 '慢慢地(mànmànde: 천천히, 느릿느릿)'가 아니다. 우리는 보통 중국인들이 한 번 식사를 하면 2시간 이상 걸린다고 상당히 과장되게 알고 있다. 외식이라면 모를까, 일반 가정에서의 식사 시간은 우리와 완전히 비슷하다.

번체자와 간체자 연습

樂 즐거울 락					
乐 lè					
開 열 개					
开 kāi					
條 가지 조					
条 tiáo					
飯 밥 반					
饭 fàn					
關 빗장 관					
关 guān					

第三课
dì sān kè

你是哪国人？
Nǐ shì nǎ guó rén?

의문대사 **哪**와 **谁** 익히기

不是~, 是~ 용법 익히기

회화 1

职员：
zhí yuán
你是哪国人？
Nǐ shì nǎ guó rén?

徒映：
tú yìng
我是韩国人。
Wǒ shì hánguórén.

职员：
zhí yuán
她是谁？
Tā shì shéi?

徒映：
tú yìng
她是我妈妈。
Tā shì wǒ māma.

职员：
zhí yuán
你妈妈是中国人吗？
Nǐ māma shì zhōngguórén ma?

徒映：
tú yìng
我妈妈不是中国人，她是韩国人。
Wǒ māma búshì zhōngguórén,
tā shì hánguórén.

새로 나온 단어

职员	zhí yuán	명사	직원
是	shì	동사	~이다
哪	nǎ	의문대사	어느
国	guó	명사	나라
人	rén	명사	사람
谁	shéi	의문대사	누구
韩国	hán guó	명사	한국
中国	zhōng guó	명사	중국
美国	měi guó	명사	미국
日本	rì běn	명사	일본
法国	fǎ guó	명사	프랑스
德国	dé guó	명사	독일
英国	yīng guó	명사	영국

알고가기

1 의문대사 **哪**

'어느'의 의미를 가진다.
1) A: 你是哪国人?
   B: 我是韩国人。

2) A: 这是哪国牛肉?
   B: 这 (zhè: 이것) 是美国牛肉。

2 의문대사 **谁**

누구? (단수나 복수에 관계없이 쓰이는 의문대사) shuí혹은 shéi
로 읽는다.
1) A: 你是谁?
   B: 我是老师。

2) A: 他是谁?
   B: 他是我爸爸。

3 不是~ , 是~

'~이 아니라 ~이다.'라고 해석된다.
1) 我弟弟不是中国人，他是韩国人。
2) 她不是姐姐，是妈妈。

4 발음과 성조 바로 잡기

rē	ré	rě	rè
lē	lé	lě	lè

惹火	惹事	热烈	热闹
rě huó	rě shì	rè liè	rè nao
乐观	乐得	乐意	乐事
lè guān	lè dé	lè yì	lè shì

문화로 배우는 틈새 중국어

광할한 영토를 보유하고 있는 中国은 지역에 따라 사람들의 성격이 조금씩 다르며, '지역감정'도 나타난다. 北方人들이 호방하고 남성적인 면을 띠고 있다면, 南方人들은 상대적으로 섬세하고 여성적인 성격을 띠고 있다. 또 하나 흥미로운 것은 상해에 대한 중국인들의 감정은 그다지 좋지 않다는 것. 그 이유 중의 하나로는 상해인들이 너무 계산적이고 '이기'적인 성향이 강하기 때문. 이는 경제도시 上海를 부러워하면서도 한편으로 '시기'하는 모순된 심리가 반영된 것은 아닐까?

즐거운 활용시간

01 问答 (묻고 답하기)

1. 你是哪国人?
2. 你妈妈是韩国人吗?

02 아래 제시어를 이용하여 질문과 답을 해보세요.

哪国人	美国人	日本人	法国人	德国人	英国人

03 아래 그림을 보고 예문과 같이 상상의 나래를 펼쳐보세요.

你是哪国人?　　他是哪国人?　　他是日本人。
我是美国人。
他是非洲人。　(fēizhōurén : 아프리카인)

04 아래 한어병음을 읽으며 중국어로 옮겨놓으시오.

hán guó　　　　　　zhōng guó　　　　　　měi guó

nǎ guó rén　　　　　shéi　　　　　　shì

36

05 한자, 한어병음, 뜻이 알맞은 것끼리 줄을 이으시오.

人	fǎ guó	프랑스
哪	měi guó	일본
谁	hán guó	영국
中国	rì běn	사람
韩国	nǎ	누구
日本	yīng guó	어느
美国	shéi	미국
英国	zhōng guó	한국
法国	rén	중국
职员	zhí yuán	직원

번체자와 간체자 연습

國 나라 국					
国 guó					
韓 나라 한					
韩 hán					
誰 누구 수					
谁 shéi					

第四课
dì sì kè

你去哪儿?
Nǐ qù nǎr?

의문대사 **哪儿** 익히기
了의 기본 용법(1)
연동문 익히기

회화 1

司机： sī jī	你要去哪儿？ Nǐ yào qù nǎr?
徒映： tú yìng	我要去北大。 Wǒ yào qù běidà.
司机： sī jī	你来中国做什么？ Nǐ lái zhōngguó zuò shénme?
徒映： tú yìng	我来中国学习汉语。 Wǒ lái zhōngguó xuéxí hànyǔ.
司机： sī jī	你的汉语不错。 Nǐ de hànyǔ búcuò.
徒映： tú yìng	哪里哪里。 Nǎli nǎli.
司机： sī jī	北大到了。 Běidà dào le.
徒映： tú yìng	谢谢！再见！ Xièxie! Zàijiàn!
司机： sī jī	再见！ Zàijiàn!

새로 나온 단어

出租车	chū zū chē	명사	택시
司机	sī jī	명사	기사
去	qù	동사	가다
哪儿	nǎr	의문대사	어디
做	zuò	동사	~하다
学习	xué xí	동사	공부하다
汉语	hàn yǔ	명사	중국어
不错	bú cuò	형용사	그런대로 좋다
哪里	nǎli		뭘요
到	dào	동사	도착하다
了	le	어기조사	이미 발생한 동작이나 변화를 나타냄
再见	zài jiàn		잘가. 안녕히가세요. 헤어질 때 인사
首尔	shǒu ěr	명사	서울
北京	běi jīng	명사	북경
生意	shēng yì	명사	사업
教书	jiāo shū	동사	공부를 가르치다
玩儿	wánr	동사	놀다
结婚	jié hūn	동사	결혼하다
长城	cháng chéng	명사	만리장성

알고가기

1 의문대사 哪儿

> 1) A: 你去哪儿?
>   B: 我去学校（xuéxiào: 학교）。
>
> 2) A: 你妈妈去哪儿?
>   B: 我妈妈去首尔（shǒuěr: 서울）。

2 완료형의 了

> '了'는 상당히 복잡한 어법적 성격을 띠고 있다.
> 여기서는 우선 본문과 관련된 완료형으로서의 의미만 기억해두자.
>
> | | |
> |---|---|
> | 我看（kàn: 보다） | 我看了 |
> | 我吃 | 我吃了 |
> | 我喝 | 我喝了 |

3 연동문이란?

술어가 두 개 또는 두 개 이상의 동사나 동사구로 이루어진 문장.

동작의 목적	동작의 수단이나 방법
我来中国学习汉语。	骑我的车去车站。 Qí chē chēzhàn 내 자전거를 타고 정류장으로 간다.
她去酒吧（jiǔba: 술집）喝酒 （hējiǔ: 술마시다）。	坐（zuò: 타다）飞机（fēijī: 비행기） 去上海（shànghǎi: 상해）。

4 哪와 哪儿

'哪'는 '어느'라는 뜻이며, '哪儿'은 '어디냐'는 뜻으로 의미가 다르다.
　哪国人으로 해야지☺, 哪儿国人은 ☹.
　去哪儿로 해야지 ☺, 去哪는☹.

5 哪里哪里

겸손한 뜻이 담긴 '뭘요'로 해석된다.
'너 참 예쁘다'라고 했을 때 당신은 1) 과 2) 중 어떻게 답할래요?
　1) 当然(dāngrán: 당연하지)
　2) 哪里哪里。

6 儿 er 화음

er화음은 별 뜻은 없으나 발음을 훨씬 부드럽게 처리할 수 있으며, 북방으로 갈수록 er화음이 강해지고, 남방으로 갈수록 er화음이 약해진다. 북방인과 남방인을 구분하는 방법으로 발음을 예로 들은 바 있는데, 바로 er화음이 단서가 될 수 있다.

7 발음과 성조 바로 잡기

| zhū | chū | shū | rū |
| zū | cū | sū | lū |

| 朱红 | 出事 | 书店 | 入学 |
| zhū hóng | chū shì | shū diàn | rù xué |

| 租金 | 吃醋 | 诉苦 | 路灯 |
| zū jīn | chī cù | sù kǔ | lù dēng |

즐거운 활용시간

01 问答 (묻고 답하기)
1. 你要去哪儿?
2. 你去中国做什么?

02 아래 제시어를 이용하여 질문과 답을 해보세요.

首尔	北京	做生意	教书	玩儿	结婚

03 아래 그림을 보고 예문과 같이 상상의 나래를 펼쳐보세요.

你妹妹去哪儿？　她去学校做什么？　她去中国。
她去学校(xuéxiào: 학교)。　　　　她去学校玩儿。
她去首尔。

04 아래 한어병음을 읽으며 중국어로 옮겨놓으세요.

nǎr	xué xí	zuò	hàn yǔ	zài jiàn
shǒu ěr	běi jīng	shēng yì	wánr	jié hūn

05 한자, 한어병음, 뜻이 알맞은 것끼리 줄을 이으세요.

哪儿	zuò	~하다
学习	shēng yì	결혼, 결혼하다
出租车	jié hūn	안녕히 가세요
汉语	běi jīng	북경
再见	shǒu ěr	사업
结婚	xué xí	공부하다
玩儿	hàn yǔ	택시
北京	nǎr	어디
首尔	chū zū chē	놀다
生意	zài jiàn	중국어
做	wánr	서울

문화로 배우는 틈새 중국어

중국에 처음 가 중국어를 잘 모르는 상태에서 出租车 (chūzūchē: 택시) 를 타면 出租车 기사가 길을 돌아간다고들 투덜댄다. 이는 비단 중국 뿐 아니라 우리나라에서도 일어나는 현상이라 할 수 있다. 때문에 너무 상대방에 대해 의심만을 품는 것도 그다지 좋은 태도는 아닌 듯하다. 중국어가 어느 정도 되었을 때 택시를 탈 기회가 있다면 기사님과의 대화에서 중국을 알 수 있는 기회도 주어질 수 있다는 점을 염두 해 두기를 바란다. 참고로 自行车 (zìxíngchē: 자전거) 는 중국의 대표적인 교통수단으로 알고 있다. 사실 얼마 전 까지만 해도 自行车의 행렬을 쉽게 볼 수 있었다. 그러나 최근 들어 自行车의 숫자는 과거에 비해 현저하게 줄어들었으며, 그 대신 私家车 (sījiāchē: 자가용) 는 갈수록 증가하고 있다. 생활이 편리해지기는 했지만, 낭만은 왠지 사라지는 듯하다.

번체자와 간체자 연습

學 배울 학						
学 xué						
習 익힐 습						
习 xí						
漢 한나라 한						
汉 hàn						
見 볼 견						
见 jiàn						
書 책 서						
书 shū						

第五课
dì wǔ kè

有朝南的房间吗?
Yǒu cháo nán de fáng jiān ma?

존재의 **在**, 소유의 **有**익히기
구조조사 **的** 익히기
중국어로 자기 이름 말하기

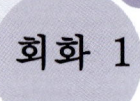

회화 1

徒映: tú yìng	请问, 留学生宿舍在哪儿? Qǐng wèn, liúxuéshēng sùshè zài nǎr?
职员: zhí yuán	就在这儿。 有什么事情? Jiù zài zhèr. Yǒu shénme shìqing?
徒映: tú yìng	我要房间。 Wǒ yào fángjiān.
职员: zhí yuán	你叫什么名字? Nǐ jiào shénme míngzi?
徒映: tú yìng	我叫权徒映。 Wǒ jiào quán tú yìng.

회화 2

徒映:
tú yìng

有朝南的房间吗?
Yǒu cháonán de fángjiān ma?

职员:
zhí yuán

对不起。没有。 有朝北的房间。 怎么办?
Duì bu qǐ. Méi you. Yǒu cháoběi de fángjiān.
zěn me bàn?

徒映:
tú yìng

没办法。 要朝北的房间吧。
Méi bàn fa. Yào cháoběi de fángjiān ba.

职员:
zhí yuán

来!你的钥匙。
Lái! Nǐ de yàoshi.

새로 나온 단어

在	zài	동사	~에 있다
请	qǐng	동사	청하다
问	wèn	동사	묻다
留学生	liú xué shēng	명사	유학생
宿舍	sù shè	명사	기숙사
就	jiù	부사	곧. 바로
这儿	zhèr	지시대사	여기
没	méi	동사	없다
		부사	경험. 완료의 부정. ~하지 않았다. ~한 일이 없다
有	yǒu	동사	~있다
事情	shì qing	명사	일
房间	fáng jiān	명사	방
的	de	조사	~의
叫	jiào	동사	부르다
名字	míng zi	명사	이름
朝南	cháo nán		남향
对不起	duì bu qǐ		미안하다
朝北	cháo běi		북향
没办法	méi bàn fa		방법이 없다. 할 수 없다

吧	ba	어기조사	추측. 동의. 승낙. 제의. 청구
钥匙	yào shi	명사	열쇠
图书馆	tú shū guǎn	명사	도서관
外办	wài bàn		유학생만을 담당하는 곳을 일컫는다. 유학생들에 관한 모든 일은 이곳에서 치리한다.
朝西	cháo xī		서향
朝东	cháo dōng		동향

문화로 배우는 틈새 중국어

중국 대학생들은 모두 학교 宿舍 (sùshè : 기숙사) 에서 생활해야 한다. 한국에서처럼 축제나 체육 대회 등의 학교 행사 및 동아리 활동은 아직 없다. 대부분의 시간을 학교에서 생활해야하고, 경제적으로 넉넉지 않은 학생들이기에 데이트도 주로 교내에서 이뤄진다. 저녁 무렵 산책을 하다보면 곳곳에서 다정한 청춘남녀의 모습을 볼 수 있다. 개혁 개방 전만해도 국가가 일자리를 정해줘 졸업 후 취업문제에 대해서는 머리 아프게 고민하지 않아도 되었는데, 요즘은 우리나라 대학생들과 마찬가지로 최대 고민이 바로 취업이다. 사는 게 점점 고달파진다고나 할까……

알고가기

1 존재와 소유를 나타내는 '在' 와 '有'

'在'는 '~에 있다', '有'는 '~있다'로 해석된다.
'在'의 부정형은 '不在' '有'의 부정형은 '没有'

在	有
我在韩国。	我有妈妈。
我爸爸在中国。	我有手机（shǒujī: 핸드폰）。
我妈妈在房间（fángjiān: 방）。	我有中国朋友 （péngyou: 친구）。

不在	没有
我不在韩国。	我没有妈妈。
我爸爸不在中国。	我没有手机。
我妈妈不在房间。	我没有中国朋友。

2 구조조사 '的'

'~의'로 해석된다.

我（的）妈妈   汉语（的）书 (shū : 책)

我（的）朋友   木头（的）椅子 (mùtouyǐzi : 나무의자)

我（的）学校 (xuéxiào : 학교)   韩国（的）人

※ 상단 좌측 청색은 생략해도 무방하다. 그러나 우측 청색은 반드시 생략해야 한다.
★혈연, 가까운 관계, 소속 등을 수식할 때 생략가능
★성질이나 재료를 수식하는 경우 반드시 생략.

3 지시대명사

	사람, 사물	장소
근칭	这(zhè) 这个(zhè ge)	这儿(zhèr) 这里(zhè li)
	이, 이것	여기, 이곳
원칭	那(nà) 那个(nà ge)	那儿(nàr) 那里(nà li)
	저, 저것	저기, 저곳

4 정반의문문 – 有와 在의 의문형

'有'의 부정형은 '没有.' 있어요 없어요 하고 물으려면? 有没有?
'在'의 부정형은 '不在.' (순이)있어요 없어요 하고 물으려면? 在不在?

有没有? 在不在? 등 이러한 의문문의 형식을 정반의문문이라 한다.
정반의문문 뒤에는 다른 의문사가 절대 오지 않는다는 것도 명심해야
한다. 예를 들어
有没有吗? ☹   在不在吗? ☹

5 '不'와 '没'의 차이

'不'는 동작을 부정하거나, 동작하는 사람이나 말하는 사람의 의지
에 따른 부정을 나타내며 '~하지 않다'의 의미를 갖는다. '没'는 경
험완료의 부정으로 '~하지 않았다', '~한 일이 없다'의 뜻을 갖는다.

不	没
我不去中国。	我没去中国。
我不吃饭。	我没吃饭。
我不喝酒。	我没喝酒。

6 来!

본문의 来! 는 '오다'의 의미가 아니다. '자, 여기요'정도로 해석하면 된다.

jiū	qiū	xiū
jiān	qiān	xiān

研究	秋天	修改
yán jiū	qiū tiān	xiū gǎi
简单	铅笔	先生
jiǎn dān	qiān bǐ	xiān sheng

즐거운 활용시간

01 问答 (묻고 답하기)

1. 你要朝北的房间吗?
2. 没有朝南的房间，怎么办?

02 아래 제시어를 이용하여 질문과 답을 해보세요.

图书馆	食堂	外办	我叫毛毛	朝西	朝东
			(máo mao : 모모)		

03 아래 그림을 보고 예문과 같이 상상의 나래를 펼쳐 보세요.

她叫什么名字?   她在哪儿?
她叫徒映。   她在韩国。

55

04 아래 한어병음을 읽으며 중국어로 옮겨놓으세요.

liú xué shēng   shì qing   fáng jiān   míng zi

cháo nán   zěn me bàn   tú shū guǎn   wài bàn

05 한자, 한어병음, 뜻이 알맞은 것끼리 줄을 이으세요.

图书馆   zhèr   여기

钥匙   yǒu   있다(존재)

这儿   tú shū guǎn   기숙사

宿舍   míng zi   이름

名字   yào shi   열쇠

有   zài   도서관

在   sù shè   있다(소유)

번체자와 간체자 연습

職 직분 직						
职 zhí						
問 물을 문						
问 wèn						
這 이 저						
这 zhè						
圖 그림 도						
图 tú						

第六课
dì liù kè

多少钱?

Duō shao qián?

중국의 화폐단위 익히기
명사구가 생략된 **的**
숫자 익히기

회화 1

徒映：
tú yìng
我要打国际电话。 在哪儿打?
Wǒ yào dǎ guójì diànhuà. Zài nǎr dǎ?

同屋：
tóng wū
在房间。 你要买卡。
Zài fángjiān. Nǐ yào mǎi kǎ.

徒映：
tú yìng
在哪儿买?
Zài nǎr mǎi?

同屋：
tóng wū
宿舍的柜台或者校门口。
Sùshè de guìtái huòzhě xiàoménkǒu.

徒映： 我要买一张电话卡。多少钱？
tú yìng   Wǒ yào mǎi yìzhāng diànhuàkǎ. Duōshaoqián?

卖卡的： 30块的，50块的，100块的。
mài kǎ de   Sānshí kuài de, wǔshí kuài de, yìbǎi kuài de.

你要多少钱的？
Nǐ yào duōshaoqián de?

徒映： 我要50块的。
tú yìng   Wǒ yào wǔshí kuàide.

卖卡的： 你有零钱吗？
mài kǎ de   Nǐ yǒu língqián ma?

徒映： 没有。
tú yìng   Méiyou.

卖卡的： 没关系。 我找你50块。
mài kǎ de   Méiguānxi.   Wǒ zhǎo nǐ wǔshí kuài.

새로 나온 단어

同屋	tóng wū	명사	룸메이트
打	dǎ	동사	걸다. 때리다
国际	guó jì	명사	국제
电话	diàn huà	명사	전화
房间	fáng jiān	명사	방
买	mǎi	동사	사다
卡	kǎ	명사	카드
柜台	guì tái	명사	안내 데스크
或者	huò zhě	접속사	혹은
校门口	xiào mén kǒu		교문 입구
张	zhāng	양사	신문이나 카드를 셀 때 사용
多少	duō shao	대사	얼마
钱	qián	명사	돈
十	shí	수사	십
百	bǎi	수사	백
块	kuài	명사	화폐단위 (=元 yuán)
毛	máo	양사	화폐단위 (=角 jiǎo)
分	fēn	양사	화폐단위
两	liǎng	수량사	둘
手机	shǒu jī	명사	핸드폰
零钱	líng qián	명사	잔돈
找	zhǎo	동사	찾다. 거스르다
没关系	méi guān xi		괜찮다

알고가기

1 기본적인 화폐단위

중국에서는 물건 앞에 10.00, 100.00, 6.0 등의 숫자가 적혀있는데 이것이 바로 가격이다.

> 10.00─ 分 (fēn)이라 읽는다.
> └── 毛(máo)혹은 角(jiǎo)라 읽는다.
> └── 块(kuài)혹은 元(yuán) 이라 읽는다.
>   十块（钱）=十元（钱）

예) 12.22　① 十二块（元）两毛二
　　　　　② 十二块（元）两毛两分
　　　　　③ 十两块（X）（元）两毛二 → 十二块两毛二

01 ① ②의 차이는?

二로 끝내면 뒤에 分이 생략될 수 있으며, 两으로 읽었을 경우에는 반드시 화폐단위인 分을 말해줘야 한다.

③은 절대 ☹. 두 자리 수 일 때 2는 반드시 二로 읽어줘야 한다.

02 5.05

0은 零 (líng) 으로 읽는다.

五块零五分

03 100.00

중국인들은 百块라고 읽지 않고 一百块라고 읽는다.

04 人民币

중국 화폐는 人民币 (rén mín bì : 인민폐)라 한다.

RMB란 rén mín bì 의 약자이다.

* 美元(měiyuán: 달러) = 美金(měijīn)　　　韩币(hánbì : 한국화폐)

2 '或者'

'혹은'으로 해석된다.

> ① 图书馆或者食堂。
> ② 人民币或者美金(měi jīn : 달러)。
> ③ 发(fā : 보내다)E-mail或者打电话。

3 '的'

본문 중의 你要多少钱的?

여기서의 '的'는 你的钥匙의 '的'와 의미가 다르다.

'的'는 뒤에 电话卡가 생략되어 있다.

> A: 你要买多少钱的(电话卡)?
> B: 我要买100块（钱）的(电话卡)。

4 숫자 익히기

이 과에서는 숫자를 알아야 화폐를 능숙하게 읽을 수 있다.
무조건 외워보자.

一	二	三	四	五	六	七	八	九	十
yī	èr	sān	sì	wǔ	liù	qī	bā	jiǔ	shí

5 一의 성조변화

一＋1，2，3성일 때 一는 제4성으로, 一＋4성일 때 一는 제2성으로 바뀐다.

一＋1성 → 제4성	一＋2성 → 제4성
一心 yīxīn→yìxīn	一盘 yīpán→yìpán
一＋3성 → 제4성	一＋4성 → 제2성
一起 yīqǐ→yìqǐ	一共 yīgòng→yígòng

6 '在'

在哪儿打? 在哪儿买? 여기에서의 '在'는 존재를 나타내는 '在'가 아닌, '~에서'라는 개사의 의미로 쓰인다.

7 两

二은 양사 앞에서 两을 사용한다.

两杯咖啡。　　　两瓶啤酒。　　　两个(ge : 개)人。

8 발음과 성조 바로 잡기

zhē	chē	shē
zē	cē	sē

这次	自行车	社会
zhè cì	zì xíng chē	shè huì
责任	厕所	色狼
zé rèn	cè suǒ	sè láng

문화로 배우는 틈새 중국어

중국인들의 '8'자에 대한 사랑은 끝이 없다. 북경 올림픽이 2008년 8월 8일 저녁 8시에 개막된 이유도 바로 여기에 있다. 그렇다면 중국인들은 왜 이리도 8자에 집착하는 것일까? 그 이유는 '8'이 발음상 중국어의 发财(fācái : 번창하다) 의 '发'와 가장 가깝기 때문이다. 참고로 중국인들이 선호하는 숫자는 짝수로 모든 일이 순조롭게 풀림을 의미하고 있다고 한다. 예로 六六大顺 (dàshùn : 순조롭다) , 十全十美(shíquánshíměi : 모든 것이 완벽하다) 를 들 수 있다. 4라는 숫자는 死 (sǐ : 죽다) 와 발음이 똑같다 하여 우리처럼 꺼리긴 하지만 불길한 숫자는 아니다.

즐거운 활용시간

01 问答 (묻고 답하기)

1. 你要打国际电话，要买多少钱的电话卡?
2. 在哪儿买电话卡?

02 아래 제시어를 이용하여 질문과 답을 해보세요.

手机	多少钱	电话卡	在那儿	在这儿

03 아래 그림을 보고 예문과 같이 상상의 나래를 펼쳐보세요.

在哪儿打国际电话?　　她在哪儿打电话?
在房间。
她在公司。（gōngsī: 회사）

04 아래 한어병음을 읽으며 중국어로 옮겨놓으세요.

diàn huà   dǎ   tóng wū   guì tái

mén kǒu   duō shao   kǎ   guó jì

05 한자, 한어병음, 뜻이 알맞은 것끼리 줄을 이으세요.

同屋	diàn huà	국제
电话	guó jì	때리다. 걸다
国际	mén kǒu	전화
手机	dǎ	얼마나
打	kǎ	문 앞
柜台	tóng wū	카드
门口	duō shao	룸메이트
多少	guì tái	핸드폰
卡	shǒu jī	안내 데스크

번체자와 간체자 연습

電 번개 전						
电 diàn						
買 살 매						
买 mǎi						
張 베풀 장						
张 zhāng						
錢 돈 전						
钱 qián						

第七课
dì qī kè

今天几月几日?
Jīn tiān jǐ yuè jǐ rì?

명사술어문 이해하기
요일과 날짜 익히기
从~到 표현 익히기

会话 1

徒映：
tú yìng

我要报名。
Wǒ yào bàomíng.

工作人员：
gōng zuò rén yuán

你的护照呢？
Nǐ de hùzhào ne?

徒映：
tú yìng

这里。什么时候开始上课？
Zhè li.　Shénmeshíhou kāishǐ shàngkè?

工作人员：
gōng zuò rén yuán

9 月 1 日。下个星期一。
Jiǔ yuè yī rì.　Xià ge xīngqīyī.

徒映：
tú yìng

今天几月几日？　星期几？
Jīntiān jǐ yuè jǐ rì? Xīngqī jǐ?

亦心：
yì xīn

9 月 6 日。　星期五。
Jiǔ yuè liù rì. Xīngqī wǔ.

徒映：
tú yìng

我们明天上课吗？
Wǒmen míngtiān shàngkè ma?

亦心：
yì xīn

明天是星期六，不上课。
Míngtiān shì xīngqī liù, bú shàng kè.

从星期一到星期五上课。
Cóng xīngqī yī dào xīngqī wǔ shàngkè.

새로 나온 단어

工作人员	gōngzuò rényuán	명사	직원
星期	xīng qī	명사	요일. 주
几	jǐ	수사	몇
月	yuè	명사	월
日	rì	명사	날. 일 (= 号 hào)
报名	bào míng	동사	신청하다. 등록하다. 응모하다
护照	hù zhào	명사	여권
开始	kāi shǐ	동사	시작하다
时候	shí hou	명사	때. 시간. 시대. 시절
昨天	zuó tiān	명사	어제
今天	jīn tiān	명사	오늘
明天	míng tiān	명사	내일
上课	shàng kè	동사	수업하다
星期一	xīng qī yī		월요일
星期二	xīng qī èr		화요일
星期三	xīng qī sān		수요일
星期四	xīng qī sì		목요일
星期五	xīng qī wǔ		금요일
星期六	xīng qī liù		토요일
星期天	xīng qī tiān		일요일 (=星期日 rì)
下	xià	명사	아래. 다음. 끝나다
个	ge	양사	가장 많이 사용되고 있는 양사 중의 하나
从~到	cóng ~dào		~에서 ~까지

알고가기

1 명사술어문

명사 혹은 수량사 등이 술어 역할을 하는 문장을 명사 술어문이라 한다. 명사 술어문은 주로 수량, 나이, 시간, 날짜 등을 나타낼 때 사용된다. 명사 술어문의 긍정형은 '是'를 사용하지 않아도 되나, 부정문에서는 반드시 '不是'로 해야 한다.

긍정문	부정문
今天（是）星期天。	今天不是星期天。
现在（是）一点。	现在不是一点。
她今年（是）十八岁。	她今年不是十八岁。

2 从 ~ 到

'~에서 ~까지'로 해석된다.

① 从早上 (zǎoshang:아침) 到晚上(wǎnshang : 저녁)

② 从这儿到那儿

③ 从小 (xiǎo: 작다) 到大(dà: 크다)

3 요일을 읽는 여러 가지 방법들

01 **礼拜** lǐbài : 요일

礼拜一　　礼拜二　　礼拜三　　礼拜四　　礼拜五　　礼拜六　　礼拜天

02 ~个(ge)星期

上（个:ge）星期   这(个)星期   下（个）星期

저번 주   이번 주   다음 주

03 그그저께에서 글피까지

大前天←   前天←   昨天←   今天→   明天→   后天→   大后天

dàqiántiān   zuótiān   dàhòutiān

그그저께   글피

4 几와 多少

몇, 얼마, 얼마만큼 이라는 의문수사이다. 그러나 일반적으로 几는 10 이하일 경우, 多少는 10이상 일 경우에 주로 사용된다.

5 발음과 성조 바로 잡기

zhōng	chōng	rōng	
zōng	cōng	sōng	lōng

忠诚	崇拜	容貌	
zhōng chéng	chóng bài	róng mào	
宗教	匆忙	松弛	鸟笼
zōng jiào	cōng máng	sōng chí	niǎo lóng

즐거운 활용시간

01 问答 (묻고 답하기)

1. 今天星期几?

2. 星期六上课吗?

02 아래 제시어를 이용하여 질문과 답을 해보세요.

星期天	星期一	明天	星期二	昨天

03 아래 그림을 보고 예문과 같이 상상의 나래를 펼쳐 보세요.

今天星期几?　　今天几月几日?
今天星期一。　　农历 (nónglì: 음력) 1月1日。

04 아래 한어병음을 읽으며 중국어로 옮겨놓으세요.

xīng qī   bào míng   hù zhào   kāi shǐ   zuó tiān

shàng kè   jǐ   cóng   dào   jīn tiān

05 한자, 한어병음, 뜻이 알맞은 것끼리 줄을 이으세요.

报名	hù zhào	수업하다
上课	bào míng	몇
几	kāi shǐ	여권
从~到	xīng qī tiān	오늘
今天	shàng kè	시작하다
明天	míng tiān	등록하다
开始	jǐ	일요일
护照	cóng ~dào	내일
星期天	jīn tiān	~에서 ~까지

문화로 배우는 틈새 중국어

중국의 학제는 우리와는 다르게 9월이면 새 학년이 시작된다. 여름 방학은 보통 2달 정도 되며, 겨울방학은 1달 정도 밖에 되지 않는다. 중국에서도 대학에 가기 위해 한바탕 전쟁이 벌어지는데 중국어로는 高考 (gāokǎo: 수능) 라고 한다. 우리가 입시 한파와 싸운다면, 한 여름에 실시되는 중국의 高考는 수험생들로 하여금 혹서와 한판을 벌이게 한다. 다른 나라는 쉽게 공부하겠지라는 환상은 중국 수험생들의 모습을 보면 일시에 깨질 것이다.

번체자와 간체자 연습

護 지킬 호					
护 hù					
開 열 개					
开 kāi					
課 일 과					
课 kè					
個 낱 개					
个 gè					

第八课
dì bā kè

现在几点？
Xiàn zài jǐ diǎn?

시간 읽는 법 익히기
跟~一起 표현 익히기

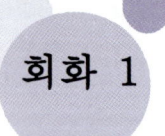

徒映：
tú yìng

今天下午你忙吗?
Jīntiān xiàwǔ nǐ máng ma?

亦心：
yì xīn

上午有课，十一点半下课。下午有时间。
Shàngwǔ yǒu kè, shíyī diǎn bàn xiàkè.
Xiàwǔ yǒu shíjiān.

徒映：
tú yìng

太好了。你跟我一起去超市，好吗?
Tài hǎo le. Nǐ gēn wǒ yìqǐ qù chāoshì, hǎo ma?

亦心：
yì xīn

我们十一点三刻在车站见面。
Wǒmen shíyī diǎn sān kè zài chēzhàn jiànmiàn.

徒映：
tú yìng

好的。一言为定，不见不散。
Hǎo de. Yìyánwéidìng, bújiànbúsàn.

亦心：
yì xīn

现在几点？
Xiànzài jǐ diǎn?

同学：
tóng xué

差十分十二点。 有事吗？
Chà shí fēn shíèr diǎn. Yǒu shì ma?

亦心：
yì xīn

天哪！ 十一点四十五分我要跟朋友见面。
Tiān na! Shíyī diǎn sìshíwǔ fēn wǒ yào gēn
péngyou jiànmiàn.

同学：
tóng xué

在哪儿见面？ 你们打算去哪儿？
Zài nǎr jiànmiàn? Nǐmen dǎsuan qù nǎr?

亦心：
yì xīn

在车站见面。 我们要去商店。
Zài chēzhàn jiànmiàn.
Wǒmen yào qù shāngdiàn.

同学：
tóng xué

你骑我的车去吧。
nǐ qí wǒ de chē qù ba.

亦心：
yì xīn

谢谢！
xièxie!

새로 나온 단어

忙	máng	형용사	바쁘다
时间	shí jiān	명사	시간
打算	dǎ suan		~할 작정이다. ~할 예정이다
跟~一起	gēn ~yìqǐ		~와 함께
超市	chāo shì	명사	수퍼마켓
车站	chē zhàn	명사	정류장
见面	jiàn miàn	동사	만나다
半	bàn		반
一言为定	yìyánwéidìng		약속(한번 말한 것을 꼭 지킨다)
不见不散	bújiànbúsàn		꼭 만나자. 올 때 까지 기다린다
刻	kè	명사	15분을 가리킨다. 一刻, 三刻만 쓸 수 있다
差	chà	부사	차이
天哪	tiān na	감탄사	세상에!
骑车	qí chē	동사	자전거를 타다
网吧	wǎng ba	명사	pc방
商店	shāng diàn	명사	상점. 가게
练歌房	liàn gē fáng	명사	노래방
上班	shàng bān	동사	출근하다
回家	huí jiā	동사	귀가하다. 집에 돌아가다

알고가기

1 시간 읽는 법

2:00	2:05	2:15	2:30	2:45
两点	两点（零）五分	两点十五分	两点三十分	两点四十五分
		两点一刻	两点半	两点三刻
				差十五分三点
				差一刻三点

★ 12:00 十两点이라고 읽으면 ☹.   十二点이라고 읽어야 ☺.

2 跟 ~ 一起

'~와 함께'

1) 我跟妈妈一起睡觉（shuìjiào: 자다）。

2) 你跟谁一起去中国?

3) 爸爸跟妈妈一起看电视（diànshì: 텔레비젼）。

3 중국의 하루

凌晨　→　　早上　→　　上午　→　　中午　→　　下午　→　　傍晚　→　　晚上

língchén　　zǎoshang　　　　　　　　　　　　　　　　　　bàngwǎn

새벽, 동틀무렵　← 아침　　　　　　　← 정오　　　　　　해질 녘　　저녁

즐거운 활용시간

01 问答 (묻고 답하기)

1. 现在几点?
2. 你从几点到几点上课?

02 아래 제시어를 이용하여 질문과 답을 해보세요.

事	喝酒	网吧	练歌房	回家	上班

03 아래 그림을 보고 예문과 같이 상상의 나래를 펼쳐보세요.

你从几点到几点上课? 你跟谁一起看书(kàn shū: 공부하다)?
我从十点到十一点一刻上课。
我跟男朋(nán péngyou: 남자친구)友一起看书。

04 아래 한어병음을 읽으며 중국어로 옮겨놓으세요.

máng   shí jiān   chāo shì   chē zhàn   yìyánwéidìng

bújiànbúsàn   wǎng ba   qí chē   shàng bān   chà

05 아래 시간을 중국어로 읽으며 써 넣으세요.

나는 오전 10시 (   ) 에 일어나 10시 30분 (   ) 경 아침 겸 점심을 먹었다. 12시 15분 (   ) 경에 학교로 향했고, 오후 1시30분 (   ) 수업을 들어갔다. 수업은 지루하기 그지 없었고, 듣다가 그만 잠이 들어 깨어보니 2시 40분 (   ).다음 수업은 3시 15분 (   ). 역시 꾸벅꾸벅. 오후 5시(   ) 에 수업을 마치고 친구들과 함께 식당으로 가 라면을 먹고 나니 6시 (   ) 가 훌쩍 넘었다. 집에 돌아와 이것 저것 하다 보니 새벽 2시 45분 (   ). 졸립다. 꿈나라로……

06 한자, 한어병음, 뜻이 알맞은 것끼리 줄을 이으세요.

超市	shàng bān	PC방
车站	qí chē	시간
忙	wǎng ba	정류소
骑车	liàn gē fáng	출근하다
时间	chāo shì	노래방
网吧	máng	바쁘다
上班	chē zhàn	수퍼마켓
练歌房	shí jiān	자전거를 타다

번체자와 간체자 연습

時 때 시					
时 shí					
間 사이 간					
间 jiān					
車 수레 거					
车 chē					
練 익힐 련					
练 liàn					

문화로 배우는 틈새 중국어

중국은 우리와 한 시간의 時差 (shíchà: 시차) 가 있다. 중국인의 출근 시간은 오전 8시로, 양국의 時差를 고려하면 사실상 우리의 오전 9시 출근과 같다. 학생들의 1교시 또한 오전 8시에 시작된다. 아침 일찍 초등학교 부근을 지나게 된다면 운동장에서 매일 펼쳐지는 '애국조회'의 현장을 목격할 수 있다. 저학년은 녹색, 고학년은 홍색 마후라를 두르고 일사분란하게 움직이는 어린 친구들의 모습이 꽤나 '인상'적이다.

第九课
dì jiǔ kè

你家有几口人?
Nǐ jiā yǒu jǐ kǒu rén?

가족 수와 가족 구성원표현 익히기
연령대별로 나이 묻는 법

亦心:
yì xīn

这是你哥哥吗？真帅！
Zhè shì nǐ gēge ma? zhēn shuài!

徒映:
tú yìng

他是我大哥。
Tā shì wǒ dàgē.

亦心:
yì xīn

你家有几口人?
Nǐ jiā yǒu jǐ kǒu rén?

徒映:
tú yìng

我家有五口人。爸爸，妈妈，两个哥哥和我。
Wǒ jiā yǒu wǔ kǒu rén.
Bàba, māma, liǎng ge gēge hé wǒ.

亦心:
yì xīn

你二哥很可爱。
Nǐ èrgē hěn kěài.

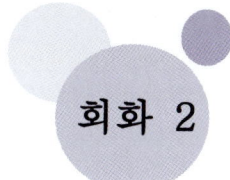

会话 2

亦心： 你妈妈今年多大年纪？
yì xīn   Nǐ māma jīnnián duōdà niánjì?

徒映： 六十九。
tú yìng   Liùshíjiǔ.

亦心： 你大哥多大？
yìxīn   Nǐ dàgē duōdà?

徒映： 四十四。
túyìng   Sìshísì.

亦心： 他的女儿几岁呢？
yìxīn   Tā de nǚér jǐsuì ne?

徒映： 十三岁。   初一。
túyìng   Shísānsuì.   Chūyī.

새로 나온 단어

帅	shuài	형용사	멋지다
家	jiā	명사	집
几	jǐ	대사	몇
口	kǒu	양사	식수를 셀 때 사용된다
大哥	dà gē	명사	큰오빠. 큰형
二哥	èr gē	명사	작은오빠. 작은형
和	hé		그리고. ~와
真	zhēn	부사	정말. 참으로. 실로
可爱	kě ài	형용사	귀엽다
年纪	nián jì	명사	나이
岁	suì	명사	나이
女儿	nǚ ér	명사	딸
儿子	ér zi	명사	아들
女朋友	nǚ péng you	명사	여자친구
爷爷	yé ye	명사	할아버지
初一	chū yī	명사	초하루. 중학교 1학년
大姐	dà jiě	명사	큰언니, 큰누나
秘密	mì mi	명사	비밀
漂亮	piào liang	형용사	아름답다

알고가기

1 나이 묻는 법

	10세 전후 어린이들의 나이를 물을 경우
今年几岁?	10세 이하 일 때 岁는 생략할 수 없다.
	(今年5岁, 今年17)
今年多大?	동년배들에게 물을 경우
多大年纪?	연세가 어느 정도 되신 분들에게 물을 경우

2 양사

양사는 사람, 사물, 동작 등의 단위를 표시하는 단위이다.

양사표		
个 gè	개, 명(가장 흔히 쓰임)	我有两个中国朋友。
张 zhāng	종이, 책상, 침대 등	房间里有两张床(chuáng: 침대)。
本 běn	책	她有一本中文书。 (zhōng wén shū: 중국어책)
口 kǒu	가족	我家有五口人。
杯 bēi	잔	我要三杯咖啡。
块 kuài	화폐, 시계 등	我有十块钱。

3 多+형용사

단음절 형용사 앞에 多를 붙이면 형용사의 정도를 묻는 의문문이 된다.
'얼만큼', '얼마나'의 의미를 나타낸다.

1) 多远（yuǎn: 멀다）?

2) 多长（cháng: 길다. 오래다）?

3) 多高（gāo: 높다）?

4 유치원에서 대학원까지

중국에서는 어떻게 말하는지 알아볼까요?

幼儿园	小学	初中	高中	大学
yòu ér yuán	xiǎo xué	chū zhōng	gāo zhōng	dà xué
유치원	초등학교	중학교	고등학교	대학교

小学生 초등학생 　　　　　　　 小学一年级（niánjí: 학년）

初中生 중학생 　　　　　　　 初一（중학교 1학년）

高中生 고등학생 　　　　　　 高一（고등학교 1학년）

大学生（=本科生bĕn kē shēng）
　　　 대학생 　　　　　　　　 大学一年级（대학교 1학년）

　　　　　　　　　　　　　　 硕士生(shuò shì: 석사생)

研究生（yánjiūshēng: 대학원생）　 博士生(bó shì: 박사생)

5 老大와 老幺

장남이나 장녀 　　　　老大 　　　　我爸爸是老大。

귀여운 막내 　　　　老幺 (lǎo yāo) 　　我妈妈是老幺。

즐거운 활용시간

01 问答 (묻고 답하기)

1. 你家有几口人?
2. 你爸爸, 妈妈今年多大年纪?

02 아래 제시어를 이용하여 질문과 답을 해보세요.

儿子	漂亮	三口人	秘密	女朋友	爷爷

03 아래 그림을 보고 예문과 같이 상상의 나래를 펼쳐보세요.

她家有几口人?   你妈妈多大年纪?
她家有6口人。   秘密。

04 아래 한어병음을 읽으며 중국어로 옮겨놓으세요.

shuài   kě ài   ér zi   yé ye   nián jì

pìao liang mì mi dà jiě suì kǒu

05 한자, 한어병음, 뜻이 알맞은 것끼리 줄을 이으세요.

한자	한어병음	뜻
帅	jiā	집
家	kě ài	딸
可爱	shuài	아름답다
秘密	pìao liang	멋지다
漂亮	yé ye	귀엽다
女儿	suì	할아버지
女朋友	dà gē	나이
岁	nǚ ér	큰형, 큰오빠
大哥	nǚ péng you	비밀
爷爷	mì mi	여자친구

문화로 배우는 틈새 중국어

人多力量大 (rén duō lìliàng dà; 사람이 많으면 힘도 강하다) 라고 믿었던 모택동의 뜻에 따라 중국의 인구는 나날이 늘어갔지만, 결과는 그 반대라는 것을 절감하고 산아제한 정책을 실시한다. 중국의 대도시에서는 자녀를 한 명, 농촌은 둘까지 가능하며, 이를 어길 시에는 벌금을 내야 한다. 자녀가 많다는 것은 벌금을 낼 경제적 여유를 갖추고 있는 것이므로, 부유층에 속한다고 할 수도 있겠다. 반면 특히 농촌지역에서 경제적 능력이 없으면서 두 자녀 이상을 낳았을 경우 나머지 자녀들은 黑孩子 (hēiháizi: 어둠의 아이들) 로 평생을 살아가야 한다. 그러나 자녀출산에 대한 중국 정부의 정책은 향후 수정될 전망이며, 이미 조절책을 제시한 바 있다.

번체자와 간체자 연습

紀 해 기					
纪 jì					
歲 해 세					
岁 suì					
兒 아이 아					
儿 ér					
帥 장수 수					
帅 shuài					

第十课
dì shí kè

你要吃面条还是要吃炒饭？
Nǐ yào chī miàn tiáo hái shi yào chī chǎo fàn?

선택 의문문 **还是** 익히기

동사+ **一下** 익히기

徒映:
tú yìng
我不懂中国菜。　　还是你点吧。
Wǒ bù dǒng zhōngguócài. Háishi nǐ diǎn ba.

亦心:
yì xīn
你要吃面条还是要吃炒饭？
Nǐ yào chī miàntiáo háishi yào chī chǎofàn?

徒映:
tú yìng
我吃炒饭。
Wǒ chī chǎofàn.

亦心:
yì xīn
我们吃扬州炒饭吧。
Wǒmen chī yángzhōu chǎofàn ba.

那儿的炒饭很有名。
Nàr de chǎofàn hěn yǒumíng.

徒映:
tú yìng
随你的便。
Suí nǐ de biàn.

회화 2

亦心:
yì xīn
我们点一下汤。 你喜欢吃辣的，是不是？
Wǒmen diǎn yíxià tāng.
Nǐ xǐhuan chī làde, shìbushì?

徒映:
tú yìng
是的。 我不喜欢吃香菜。
Shì de. Wǒ bù xǐhuan chī xiāngcài.

不要放香菜。
Búyào fàng xiāngcài.

亦心:
yì xīn
哦。
E.

你要喝牛肉汤还是要喝酸辣汤？
Nǐ yào hē niúròutāng háishi yào hē suānlàtāng?

徒映:
tú yìng
都可以。
Dōu kěyǐ.

亦心:
yì xīn
你爱吃辣。 还是喝酸辣汤吧。
Nǐ ài chī là. Háishi hē suānlàtang ba.

我们再点一下点心。
Wǒmen zài diǎn yí xià diǎnxin.

徒映:
tú yìng
不要点心。 我要一瓶啤酒。
Bú yào diǎnxin. Wǒ yào yì píng píjiǔ.

새로 나온 단어

点	diǎn	동사	시키다
菜	cài	명사	음식
懂	dǒng	동사	이해하다. 알다
爱	ài	동사	사랑하다. 좋아하다
炒饭	chǎo fàn	명사	볶음밥
扬州	yáng zhōu	명사	양주
有名	yǒu míng	형용사	유명하다
随便	suí biàn	동사	마음대로 하다
汤	tāng	명사	국
辣	là	형용사	맵다
香菜	xiāng cài	명사	향채
放	fàng	동사	넣다. 두다
酸辣汤	suānlàtāng	명사	시고 매운 국
再	zài	부사	다시
点心	diǎn xīn	명사	간식
瓶	píng	양사	병을 셀 때 쓰임
饺子	jiǎo zi	명사	만두
泡菜	pào cài	명사	김치
烤鸭	kǎo yā	명사	구운 오리
火锅	huǒ guo	명사	중국식 샤브샤브

알고가기

1 선택의문문 还是

还是	
A 还是 B ? A아니면 B, 둘 중 하나를 선택하여야 할 때 사용되는 의문문에 쓰임.	你喜欢中国人还是喜欢美国人？ 你吃中国菜还是吃韩国菜？ 你要冰的还是要热的？
'그래도 ～ 하는 게 낫겠다'	我是中国人，还是我来做吧。 你身体不舒服，还是我去吧。 （shēnti: 신체, 몸, 건강） 今天很热，还是喝冰咖啡吧。 （bīngkāfēi: 냉커피）

2 동사+一下
'잠깐', '잠시' 혹은 '가볍게～하다'는 의미

1) 你看（kàn: 보다）一下。　　당신 좀 봐 보세요.

2) 你听（tīng: 듣다）一下。　　당신 좀 들어 보세요

3) 你说（shūo: 말하다）一下。　당신 말 좀 해보세요.

4) 你写（xǐe: 쓰다）一下。　　당신 좀 써보세요.

즐거운 활용시간

01 问答 (묻고 답하기)
1. 你喜欢吃中国菜还是喜欢吃韩国菜？
2. 你爱吃辣吗？

02 아래 제시어를 이용하여 질문과 답을 해보세요.

火锅	泡菜	北京烤鸭	饺子	牛肉面

03 아래 그림을 보고 예문과 같이 상상의 나래를 펼쳐보세요.

你喜欢热的还是冰的？ 你喜欢大海还是山。(shān: 산)
我喜欢热的。　　　　我喜欢大海。(dàhǎi: 바다)

04 아래 한어병음을 읽으며 중국어로 옮겨놓으세요.

yǒu míng　　suí biàn　　fàng　　diǎn xīn　　chǎo fàn

jiǎo zi   pào cài   píng   kǎo yā   huǒ guo

05 한자, 한어병음, 뜻이 알맞은 것끼리 줄을 이으세요.

炒饭	xiāng cài	오리구이
点菜	pào cài	마음대로 하다
火锅	là	음식을 시키다
瓶	yǒu míng	맵다
随便	píng	향채
有名	kǎo yā	김치
泡菜	chǎo fàn	유명하다
辣	diǎn cài	볶음밥
香菜	huǒ guo	병
烤鸭	suí biàn	중국식 샤브샤브

문화로 배우는 틈새 중국어

중국은 방대한 영토만큼이나 음식의 맛도 다양하다. 대부분의 중국인들은 한국음식은 거의 맵다고 알고 있으나, 湖南(húnán: 호남)과 四川(sìchuān: 사천)의 매운맛에 비하면 아무것도 아니다. 정신 바짝 나게 매운 것이 먹고 싶다면 이 두 지역의 음식을 먹어보는 것도 괜찮을 듯하다. 중국음식은 기름을 많이 사용하여 油腻(yóunì: 느끼하다)한 것이 특징이지만, 자꾸 먹다보면 중국 음식의 매력에 빠질 수도 있다. 韩国人은 복식, 즉 외모에 신경을 많이 쓰고, 中国人은 먹을 것에 많은 신경을 쓴다는 말이 있다. 이 말이 틀리진 않은 듯하다.

湯 끓일 탕					
汤 tāng					
餃 엿 교					
饺 jiǎo					
鍋 노구솥 과					
锅 guō					

第十一课
dì shí yī kè

汉语难吗？
Hàn yǔ nán ma?

虚然~可是 용법 익히기

有的~，有的~ 용법 익히기

亦心:
yì xīn

学汉语有意思吗?
Xué hànyǔ yǒuyìsi ma?

徒映:
tú yìng

虽然很有意思，可是非常难。
Suīrán hěn yǒuyìsi, kěshì fēicháng nán.

亦心:
yì xīn

你从什么时候开始学的?
Nǐ cóng shénme shíhou kāishǐ xué de?

徒映:
tú yìng

我从大学一年级开始学的。
Wǒ cóng dàxué yìniánjí kāishǐ xué de.

亦心:
yì xīn

我想学韩语。
Wǒ xiǎng xué hányǔ.

徒映:
tú yìng

那我们互相帮助吧。
Nà wǒmen hùxiāng bāngzhù ba.

亦心：
yì xīn

老师讲的你都懂吗？
Lǎoshī jiǎng de nǐ dōu dǒngma?

徒映：
tú yìng

有的懂，有的不懂。
Yǒude dǒng, yǒude bù dǒng.

亦心：
yì xīn

已经不错了。虽然不流利，可是你的进步很快。
Yǐjing búcuò le. Suīrán bùliúlì, kěshì nǐde jìnbù hěn kuài.

徒映：
tú yìng

哪儿啊！还差得远。
Nǎr a! Hái chàde yuǎn.

亦心：
yì xīn

学一门外语真不容易。
Xué yìmén wàiyǔ zhēn bùróngyì.

徒映：
tú yìng

可不是嘛。
Kě búshì ma.

새로 나온 단어

意思	yì si	명사	뜻. 의미
虽然~可是	sūi rán ~ kě shì		비록~하지만~하다
非常	fēi cháng	부사	매우. 몹시
难	nán	형용사	어렵다
时候	shí hou	명사	때
学	xué	동사	배우다
韩语	hán yǔ	명사	한국어
互相	hù xiāng	부사	상호. 서로
帮助	bāng zhù	동사	돕다
讲	jiǎng	동사	이야기하다
都	dōu	부사	모두
已经	yǐ jīng	부사	이미
流利	liú lì	형용사	유창하다
进步	jìn bù	동사	진보하다
快	kuài	형용사	빠르다
差	chà	부사	차이
远	yuǎn	형용사	멀다
门	mén	양사	학문 기술 따위를 세는 단위
外语	wài yǔ	명사	외국어
容易	róng yì	형용사	쉽다

알고가기

1 **虽然 A 可是 B**

'비록 A하지만 B하다'로 해석된다.

1) 她虽然很漂亮，可是很笨（bèn : 멍청하다）。

2) 虽然下雨(yǔ : 비)，可是我要去。

3) 他虽然有很多钱，可是不幸福(xìngfu : 행복하다)。

4) 她虽然年纪小，可是很懂事(dǒngshì : 철이 들다)。

2 **有的～，有的～**

'어떤 것은 어떠하고, 어떤 것은 어떠하다'로 해석된다.

1) 有的大，有的小。

2) 有的便宜(piányi : 싸다)，有的贵(guì : 비싸다)。

3) 有的甜(tián : 달다)，有的酸(sūan : 시다)。

3 **从**

'～부터, ～에서' 시간적 공간적인 기점을 가리킨다.

1) 我从小开始喜欢你。

2) 北京奥运会（àoyùnhuì : 올림픽）从2000(èrlínglínglíngnián)年开始
   (kāishǐ : 시작하다)准备(zhǔnbèi : 준비하다)。

3) 我的女朋友是从天上(tiānshang : 하늘)来的。

4 哪儿啊！

'뭘요' 정도로 해석된다.

　A：你的孩子（háizi：아이）真聪明（cōngming：똑똑하다）。

　B：哪儿啊！

5 可不是嘛。

'누가 아니래요'의 의미를 가지고 있다.

　A: 他们分手（fēnshǒu: 헤어지다）了, 真可惜(kěxī: 안타깝다)。

　B: 可不是嘛。

문화로 배우는 틈새 중국어

중국에서는 ＫＦＣ를 무어라 할까? 한자는 한글과 달리 뜻글자라 외래어를 표기할 때 원래의 뜻과는 달리 비슷한 글자를 빌려 표현한다. 우리가 한문 시간에 배운바 있는 가차문자란 바로 이를 의미한다. 중국 거리를 지나다보면 가끔씩 낯익은 할아버지가 서있으며, 할아버지 뒤로 보이는 간판에는 肯德基(kěndéjī)라고 씌어있는데 이것이 바로 켄터키후라이드치킨이다. 맥도날드는 麦当劳 (màidānglào), 必胜客(bìshèngkè)는 피자헛을 말한다. 이랜드는 衣恋(yīliàn)으로, 이마트는 易买得 (yìmǎidé), 까르프는 家乐福 (jiālèfú) 라고 되어있다.

즐거운 활용시간

01 问答 (묻고 답하기)
1. 汉语有意思吗?
2. 你想学什么外语?

02 아래 제시어를 이용하여 질문과 답을 해보세요.

英语	日语	小学	难	容易	可不是嘛

03 아래 그림을 보고 예문과 같이 상상의 나래를 펼쳐보세요.

有的大，有的小。
虽然很贵(guì: 비싸다)，可是很好吃 (hǎochī: 맛있다)。

04 아래 한어병음을 읽으며 중국어로 옮겨놓으세요.

wài yǔ   yì si   fēi cháng   bāng zhù   hù xiāng

yǐ jīng   liú lì   jìn bù   kuài   róng yì

05 한자, 한어병음, 뜻이 알맞은 것끼리 줄을 이으세요.

意思	yuǎn	이미
帮助	yǐ jīng	돕다
容易	bāng zhù	쉽다
进步	liú lì	진보
流利	wài yǔ	외국어
已经	jìn bù	멀다
外语	yì si	뜻. 의미
远	róng yì	유창하다

번체자와 간체자 연습

難 어려울 난					
难 nán					
進 나아갈 진					
进 jìn					
經 지날 경					
经 jīng					
遠 멀 원					
远 yuǎn					
門 문 문					
门 mén					

最近我身体不好。

Zuì jìn wǒ shēn tǐ bù hǎo。

동사의 중첩 익히기

在 ~ 的时候 표현 익히기

徒映:
tú yìng
最近我身体不太好。一直头疼。
Zuìjìn wǒ shēntǐ bú tài hǎo. Yìzhí tóuténg.

亦心:
yì xīn
是不是感冒了？去医院看看。
Shìbushì gǎnmào le? Qù yīyuàn kànkan.

徒映:
tú yìng
不用。天天在宿舍，不活动。
Búyòng. Tiāntiān zài sùshè, bù huódòng.

浑身不舒服。
Húnshēn bù shūfu.

亦心:
yì xīn
不舒服的时候，应该多走走。
Bù shūfu de shíhou, yīnggāi duō zǒuzou.

徒映:
tú yìng
我最讨厌走路呢。
Wǒ zuì tǎoyàn zǒulù ne.

亦心:
yì xīn
真拿你没办法！
Zhēn ná nǐ méi bànfa!

회화 2

亦心： 你平时锻炼身体吗？
yì xīn　Nǐ píngshí duànliàn shēntǐ ma?

徒映： 在韩国的时候练瑜伽。
tú yìng　Zài hánguó de shíhou liàn yújiā.

亦心： 我平时练太极拳。你也练练。
yì xīn　Wǒ píngshí liàn tàijíquán. Nǐ yě liànlian.

徒映： 我很懒。不爱动。
tú yìng　Wǒ hěn lǎn. Bú ài dòng.

亦心： 不行。明天开始试试。我来找你。
yì xīn　Bù xíng. Míngtiān kāishǐ shìshi. Wǒ lái zhǎo nǐ.

徒映： 早上我要睡懒觉。
tú yìng　Zǎoshang wǒ yào shuìlǎnjiào.

晚上我自己在校内走走。
Wǎnshang wǒ zìjǐ zài xiàonèi zǒuzou.

새로 나온 단어

最近	zuì jìn	명사	최근. 요즘
身体	shēn tǐ	명사	신체. 건강. 몸
太	tài	부사	매우. 몹시
一直	yì zhí	부사	줄곧. 계속
头疼	tóu téng	형용사	두통
感冒	gǎn mào	명사	감기
医院	yī yuàn	명사	병원
天天	tiān tiān	명사	매일
活动	huó dòng	동사	활동하다
浑身	hún shēn	명사	온몸
讨厌	tǎo yàn	형용사	미워하다
舒服	shū fu	형용사	편하다
应该	yīng gāi	부사	마땅히
走路	zǒu lù	동사	걷다. 길을 가다
多	duō	형용사	많다
拿	ná	동사	가지다
平时	píng shí	명사	평소에
锻炼	duàn liàn	동사	단련하다

瑜伽	yú jiā	명사	요가
练	liàn	동사	연습하다
太极拳	tài jí quán	명사	태극권
懒	lǎn	형용사	게으르다
动	dòng	동사	움직이다
试	shì	동사	해보다
睡觉	shuì jiào	동사	자다
校内	xiào nèi	명사	교내

알고가기

1 동사의 중첩

동작을 가볍게 잠깐 하거나 시험 삼아 여러 번 한다는 의미로, 어감을 부드럽게 하는 데 쓰인다.

한음절 동사의 중첩	
看	我去看看。
听	妈妈你听听 。
想(xiǎng: 생각하다)	等等 (děng: 기다리다)，我想想

2 명사의 중첩

명사는 일반적으로 중첩을 할 수 없으나, 예외인 경우가 있다. 우선 아래의 몇 가지를 알아두자.

天	天天想你
年(nián: 해)	年年发财 (fācái: 부자되다) 해마다
家(jiā: 집)	家家户户 집집마다 (hù: 집, 가정, 세대, 가구)
人(rén: 사람)	人人都幸福 (xìngfu: 행복하다)

3 ~ 的时候

'～ 할 때'로 해석된다.

1) 想你的时候，我喝酒 (hējiǔ: 술을 마시다) 。
2) 吃饭(fàn: 밥)的时候，不要看书 (kànshū: 책 보다) 。
3) 看书的时候，听音乐 (yīnyuè: 음악) 。

4 **真拿你没办法!**

'정말 방법이 없구나', '너를 정말 어쩌니'라고 해석된다.

1) 你整天（zhěngtiān: 하루 종일）看电视(diànshì: 텔레비전)，真拿你没办法。

2) 你还要喝酒，真拿你没办法。

문화로 배우는 틈새 중국어

 아침이나 저녁나절 공원을 지나다보면 어르신들이 모여 같은 동작을 반복하는 것을 볼 수 있다. 이것이 바로 중국의 전통 무술 太极拳이다. 신체적인 건강은 물론 정신 수련을 위해 많은 중국인들이 太极拳을 연마하고 있다. 신선한 공기를 마시며 여유롭게 한 동작 한 동작 이어가는 모습을 보고 있으면 잠시 마음의 '평화'를 느낄 수도 있게 된다. 자신이 성질이 몹시 급하거나 집중력이 떨어진다고 생각된다면 太极拳을 한 번 해보는 것도 좋을 듯.

즐거운 활용시간

01 问答 (묻고 답하기)
1. 你平时锻炼身体吗?
2. 你要不要练太极拳?

02 아래 제시어를 이용하여 질문과 답을 해보세요.

身体	平时	看看	练练	~的时候

03 아래 그림을 보고 예문과 같이 상상의 나래를 펼쳐보세요.

我爸爸天天锻炼身体。
他爱跑步 (pǎobù: 달리기)。

04 아래 한어병음을 읽으며 중국어로 옮겨놓으세요.

zuì jìn   shēn tǐ   tóu téng   gǎn mào   yī yuàn

tǎo yàn   shū fu   yīng gāi   píng shí   duàn liàn

05 한자, 한어병음, 뜻이 알맞은 것끼리 줄을 이으세요.

睡觉	yì zhí	매일
身体	xiào nèi	편히디
感冒	tóu téng	감기
懒	shū fu	잠자다
医院	tiān tiān	게으르다
一直	shuì jiào	줄곧
校内	gǎn mào	병원
舒服	lǎn	몸. 건강.신체
头疼	yī yuàn	교내
天天	shēn tǐ	머리가 아프다

번체자와 간체자 연습

體 몸 체						
体 tǐ						
頭 머리 두						
头 tóu						
醫 의원 의						
医 yī						
動 움직일 동						
动 dòng						

第十三课
dì shí sān kè

新房子离学校近吗?
Xīn fáng zi lí xué xiào jìn ma?

才 와 就 의 차이점
离 용법 익히기

徒映： 我想搬家。
tú yìng   Wǒ xiǎng bānjiā.

亦心： 住在宿舍不是很方便吗?
yì xīn   Zhù zài sùshè búshì hěn fāngbiàn ma?

徒映： 两个人住在一起不方便。
tú yìng   Liǎng ge rén zhù zài yìqǐ bù fāngbiàn.

亦心： 你来中国才几天，跟同屋吵架了?
yì xīn   Nǐ lái zhōngguó cái jǐ tiān,
        gēn tóngwū chǎojià le?

徒映： 不是。她很好。不过，我要自由。
tú yìng   Bú shì. Tā hěn hǎo. Bú guò, wǒ yào zìyóu.

亦心： 你一个人在外面，不怕吗?
yì xīn   Nǐ yí ge rén zài wàimiàn, bú pà ma?

徒映： 怕什么? 学校附近应该安全吧。
tú yìng   Pà shénme? Xuéxiào fùjìn yīnggāi ānquán ba.

회화 2

亦心： 你的新房子离学校近吗？
yì xīn　　Nǐ de xīn fángzi lí xuéxiào jìn ma?

徒映： 比较近。走10分钟就到。
tú yìng　　Bǐjiào jìn. Zǒu shí fēnzhōng jiù dào.

亦心： 房子里有什么？
yì xīn　　Fángzili yǒu shénme?

徒映： 电视机、冰箱、洗衣机、床等等。
tú yìng　　Diànshìjī、bīngxiāng、xǐyījī、chuáng děngděng.

要什么有什么。
Yào shénme yǒu shénme.

亦心： 有没有空调？
yì xīn　　Yǒuméiyǒu kōngtiáo?

徒映： 有。租金也不贵。
tú yìng　　Yǒu. Zūjīn yě búguì.

새로 나온 단어

搬家	bān jiā	동사	이사하다
方便	fāng biàn	형용사	편리하다
一起	yì qǐ	부사	함께
才	cái	부사	비로소. 이제야
跟	gēn	접속사	～와
同屋	tóng wū	명사	룸메이트
吵架	chǎo jià	동사	싸우다
外面	wài miàn	명사	밖
不过	bú guò	접속사	그러나
自由	zì yóu	명사	자유
怕	pà	형용사	두려워하다
附近	fù jìn	명사	부근. 근처
安全	ān quán	형용사	안전하다
新	xīn	형용사	새로운
房子	fáng zi	명사	집
里	lǐ	명사	안쪽. 속
离	lí	개사	～에서(～로 부터)
学校	xué xiào	명사	학교
近	jìn	형용사	가깝다
比较	bǐ jiào	부사	비교적

钟	zhōng	명사	시간
电视机	diàn shì jī	명사	텔레비전
冰箱	bīng xiāng	명사	냉장고
洗衣机	xǐ yī jī	명사	세탁기
床	chuáng	명사	침대
空调	kōng tiáo	명사	에어컨
租金	zū jīn	명사	임차료
贵	guì	형용사	비싸다

문화로 배우는 틈새 중국어

개혁개방 전 중국인들은 국가나 单位 (dānwèi: 직장) 에서 분배한 주택에 거주해야 했으며, 주택은 매매되는 상품이 아니었다. 그러나 개혁개방이 진행되며 중국인들은 서서히 자신의 집을 소유할 수 있게 되었다. 물론 토지는 국가의 것으로 보통 70년 동안 사용할 수 있다고 한다. 현재 우리와 공통된 점은 내 집 마련을 위해 피나는 노력이 필요하다는 것이다. 물론 피나게 노력을 하고 나면 집값은 또 껑충 뛰어 있는 잔인한 현실까지도……

알고가기

1 才와 就의 차이

就	才
시간사+ 就 시간이 이르다, 짧다 8点开始上课，他7点就来了。 08年开奥运会，2000年就开始准备。 从我家到他家，要十分钟就到。	시간사+ 才 시간이 늦다, 길다 8点开始上课，他9点才来。 ０８年开奥运会，2007年才开始准备。 从我家到他家，要30分钟才到。

2 '离'

'～에서', '～로부터'

1) 我家离学校很近。

2) 中国离韩国比较近。

3) 现在离开学(kāixué: 개학)还有几天。

3 要什么有什么。

'필요로 하는 것은 다 있다'라고 해석된다.

반대의 의미로 要什么没什么。

1) 最近中国生活(shēng huó : 생활)很方便，要什么有什么。

2) 我们学校的宿舍很好，要什么有什么。

4 不是~吗?

'～이지 않습니까?'로 강조의 의미를 나타낸다.

1) 她不是你(的) 妈妈吗?

2) 你不是韩国人吗?

3) 泡菜不是很辣吗?

즐거운 활용시간

01 问答 (묻고 답하기)

1. 你想一个人住还是想两个人住？
2. 你的房间里有什么？

02 아래 제시어를 이용하여 질문과 답을 해보세요.

近	远	离	才	就	从

03 아래 그림을 보고 예문과 같이 상상의 나래를 펼쳐보세요.

我家离这儿不远。
他家离学校很近。

04 아래 한어병음을 읽으며 중국어로 옮겨놓으세요.

bān jiā   fāng biàn   chǎo jià   tóng wū   zì yóu

fù jìn   lí   bǐ jiào   xué xiào   kōng tiáo

05 才 혹은 就를 넣어 빈칸을 채워보세요.

1）电影(diànyǐng: 영화)晚上七点半开始，她八点（　　　　）来。

2）我凌晨（língchén: 새벽）三点（　　　　）睡觉（shuìjiào: 자다）。

3）凌晨五点（　　　　）出太阳（chūtàiyáng: 해가 뜨다）。

06 离 혹은 从을 넣어 빈칸을 채워보세요.

1）（　　　　　　）上海到首尔要两个小时(xiǎoshí:시간)。

2）我妈妈是（　　　　　）韩国来的。

3）（　　　　　　）寒假（hánjià: 겨울방학）还有几个月(jǐgeyuè: 몇 달)。

4）济州岛（jìzhōudǎo: 제주도）（　　　　　　　）这儿远吗?

번체자와 간체자 연습

過 지날 과					
过 guò					
視 볼 시					
视 shì					
調 고를 조					
调 tiáo					

第十四课
dì shí sì kè

你买什么礼物了?
Nǐ mǎi shén me lǐ wù le?

동태조사 **了** 용법 익히기(2)
개사 **给** 용법 익히기

亦心:
yì xīn
昨天你去百货公司买什么了?
Zuótiān nǐ qù bǎihuògōngsī mǎi shénme le?

徒映:
tú yìng
我没去百货公司。
Wǒ méi qù bǎihuògōngsī.

我在学校附近买了两瓶白酒和茶。
Wǒ zài xuéxiào fùjìn mǎi le liǎngpíng báijiǔ héchá.

亦心:
yì xīn
怎么没给我打电话?
Zěnme méi gěi wǒ dǎ diànhuà?

徒映:
tú yìng
下课回家的路上顺便买了。
Xiàkè huíjiā de lùshang shùnbiàn mǎi le.

亦心:
yì xīn
该买的都买了吗? 下次我陪你去。
Gāi mǎi de dōu mǎi le ma? Xiàcì wǒ péi nǐ qù.

徒映:
tú yìng
那再好不过了。
Nà zài hǎo bú guò le.

亦心：
yì xīn

礼物都买了吗?
Lǐwù dōu mǎi le ma?

徒映：
tú yìng

没有。不知道买什么东西。
Méiyou. Bùzhīdao mǎi shénme dōngxi.

亦心：
yì xīn

中国的白酒和茶很有名。
Zhōngguó de báijiǔ hé chá hěn yǒuming.

徒映：
tú yìng

我的朋友要减肥，给她买了一盒减肥茶。
Wǒ de péngyou yào jiǎnféi,
gěi tā mǎi le yì hé jiǎnféichá.

亦心：
yì xīn

这种茶喝了之后，肚子不舒服。
Zhè zhǒng chá hē le zhīhòu, dùzi bù shūfu.

徒映：
tú yìng

管它呢！
Guǎn tā ne!

새로 나온 단어

百货公司	bǎihuò gōngsī	명사	백화점
白酒	bái jiǔ	명사	백주
怎么	zěn me	의문대사	어찌. 어떻게
给	gěi	개사	~에게
下课	xià kè	동사	수업이 끝나다
回家	huí jiā	동사	집에 가다
路上	lù shang	명사	길에서
顺便	shùn biàn	부사	~하는 김에
下次	xià cì	명사	다음번에
陪	péi	동사	동반하다. 모시다
礼物	lǐ wù	명사	선물
知道	zhī dao	동사	알다
东西	dōng xi	명사	물건
盒	hé	양사	작은 상자를 셀 때
减肥	jiǎn féi	동사	다이어트
种	zhǒng	양사	종. 종류. 부류
之后	zhī hòu		~한 다음에
肚子	dù zi	명사	배
舒服	shū fu	형용사	편안하다
管	guǎn	동사	관리하다. 상관하다
人参	rén shēn	명사	인삼

알고가기

1 동태조사 了

동사의 뒤에서 동작이 어느 정도 단계에 도달했는지를 나타내는 조사를 동태조사라 한다. 동태조사 '了'는 동사의 뒤에서 동작이 완성되었음을 나타낸다. 목적어가 있을 경우 목적어는 수량사나 한정어를 동반한다.

1) 昨天我看了一部（bù: 편）中国电影(diànyǐng: 영화)。

2) 今天发(fā: 보내다)了一封(fēng:통)E-mail。

3) 他喝了很多酒。

★ 동작의 완성을 부정할 경우, 동사 앞에 没를 쓰고, 了는 쓰지 않는다.

1) 昨天我没看电影。

2) 今天没发E-mail。

3) 他没喝酒。

2 给

주어 + 给 + 대상 + 동사 + 목적어
'~에게 ~을 주다' 는 의미를 가진다.

1) 妈妈给我送(sòng:보내다)钱。

2) 男朋友给我妈妈打电话。

3) 给我买羊肉串（yángròuchuàn: 양고기 꼬치）。

3 再好不过了

'정말 좋죠'라고 해석된다.

1) A: 明天老师去中国, 不上课。
   B: 再好不过了。

2) A: 下雨, 我去接(jiē: 마중하다)你。
   B: 再好不过了。

4 管它呢!

'내가 알게 뭐야'로 해석된다.

1) A: 不要出去, 妈妈生气(shēngqì: 화나다)了。
   B: 管它呢!

2) A: 他妈妈在, 不要开玩笑(kāiwánxiào: 농담)。
   B: 管它呢!

문화로 배우는 틈새 중국어

중국인들이 술을 잘 마신다 혹은 못 마신다를 판단한다는 것은 상당히 어려운 일이다. 그러나 확실한 것은 우리나라의 '몇차' 문화는 중국에서 찾아보기 힘들다는 것이다. 중국의 애주가들은 주로 白酒(báijiǔ: 백주)를 즐겨 마시는데, 마실 때 干杯 (gānbēi: 건배) 라고 외치는 소리를 들을 수 있다. 그러나 干杯는 잔을 깨끗이 비운다는 의미로 우리의 표현을 빌리자면 '원샷'이다. 때문에 자신이 없다면 随意 (suíyì: 마음대로) 라고 말한 뒤 적당히 마시는 것이 현명할 것이다.

즐거운 활용시간

01 问答 (묻고 답하기)

1. 如果 (rúguǒ: 만약에) 你在中国买礼物，买什么?
2. 你要减肥吗?

02 아래 제시어를 이용하여 질문과 답을 해보세요.

礼物	买	减肥	给	人参茶

03 아래 그림을 보고 예문과 같이 상상의 나래를 펼쳐보세요.

昨天看了一部电影。
我喝了一杯可乐。

04 아래 한어병음을 읽으며 중국어로 옮겨놓으세요.

bái jiǔ   huí jiā   shùn biàn   lù shang

xià cì   lǐ wù   dōng xi   jiǎn féi   dù zi

05 주어진 단어를 바르게 나열해 보세요.
1) 어제 백주를 몇 병 마셨어.
　 喝　昨天　白酒　几瓶　了　→

2) 편지를 3통이나 썼어.
　 信　三封　了　写　→

3) 오늘 중국 노래를 불렀어.
　 中国歌　唱　今天　了　→

4) 어제 전화를 몇 번이나 했었어.
　 几次　打　电话　了　昨天　→

5) 나 어제 안 갔어.
　 没　昨天　我　去　→

6) 나 술 안마셨어.
　 我　喝酒　没　→

06 아래 문장을 给에 신경 쓰며 한국어로 옮겨 보세요.
1) 我要给你看看我的照片。(zhàopiàn: 사진)
2) 男朋友给我买了一个钱包。(qiánbāo: 지갑)
3) 我没给他发短信。(duǎnxìn: 문자)
4) 妈妈最近不给我钱。

번체자와 간체자 연습

貨 재화 화					
货 huò					
禮 예 례					
礼 lǐ					
東 동녘 동					
东 dōng					
順 순할 순					
顺 shùn					

第十五课
dì shí wǔ kè

明天要回国了。
Míng tiān yào huí guó le.

동사+过 용법 익히기

好几 + 양사

회화 1

亦心：
yì xīn

明天要回国了，高兴吗？
Míngtiān yào huíguó le, gāoxìng ma?

徒映：
tú yìng

其实，我很想到别的地方去旅游。
Qíshí, wǒ hěn xiǎng dào bíede dìfang qù lǚyóu.

不过，妈妈很想我。
Búguò, māma hěn xiǎng wǒ.

亦心：
yì xīn

你已经很久没回过家了。
Nǐ yǐjīng hěn jiǔ méi huíguò jiā le.

徒映：
tú yìng

所以，我决定回国一趟。
Suǒyǐ, wǒ juédìng huíguó yítàng.

亦心：
yì xīn

你回国打算做什么？
Nǐ huíguó dǎsuan zuò shénme?

徒映：
tú yìng

见见朋友，已经好久没见了。
Jiànjian péngyou, yǐjīng hǎojiǔ méi jiàn le.

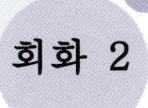

회화 2

亦心：
yì xīn

飞机几点起飞？
fēijī jǐ diǎn qǐ fēi?

徒映：
tú yìng

三点半。
sān diǎn bàn.

还有两个小时，我们再聊聊。
Háiyou liǎng ge xiǎoshí, wǒmen zài liáoliao.

亦心：
yì xīn

机票，护照都带了吗？
Jīpiào, hùzhào dōu dài le ma?

你常常落东西，我不放心。
Nǐ chángcháng là dōngxi, wǒ bu fàngxīn.

徒映：
tú yìng

以前落过，这次没问题。昨晚确认了好几次。
Yǐqián là guo, zhècì méi wènti.
Zuó wǎn quèrèn le hǎo jǐ cì.

亦心：
yì xīn

几点到仁川机场？
Jǐdiǎn dào rénchuān jīchǎng?

徒映：
tú yìng

韩国时间晚上六点半左右。
Hánguó shíjiān wǎnshang liù diǎn bàn zuǒyòu.

亦心：
yì xīn

那么快！哦！时间差不多了，办登记手续吧。
Nàme kuài! E! Shíjiān chàbuduō le,
bàn dēngjì shǒuxù ba.

徒映：
túyìng

好！我们一个月后再见！
Hǎo! Wǒmen yí ge yuè hòu zàijiàn!

새로나온 단어

回国	huí guó	동사	귀국하다
高兴	gāo xìng	형용사	기쁘다
地方	dì fang	동사	곳. 장소
旅游	lǚ yóu	동사	여행하다
久	jiǔ	형용사	오랜
决定	jué dìng	동사	결정하다
趟	tàng	양사	한차례(왕복)
飞机	fēi jī	명사	비행기
起飞	qǐ fēi	동사	이륙하다
聊	liáo	동사	이야기하다
机票	jī piào	명사	비행기 표
护照	hù zhào	명사	여권
落	là	동사	잃어버리다
放心	fàng xīn	동사	안심하다
确认	què rèn	동사	확인하다
次	cì	양사	차례. 횟수
仁川	rén chuān	명사	인천
差不多	chàbuduō		비슷하다. 차이가 별로 없다
办	bàn	동사	처리하다. (일 따위를)하다
手续	shǒu xù	명사	수속. 절차
登记	dēng jì	동사	체크인하다
后	hòu	명사	뒤. 다음

알고가기

1 동태조사 '过'

어떤 동작이 이미 발생, 혹은 경험을 나타낼 때 사용된다.

동사+ 过	부정형没+ 동사+ 过	정반의문문~过~没有
我去过中国。	我没去过中国。	你去过中国没有?
我看过《色戒 (sèjiè: 색세) 》。	我没看过《色戒》。	你看过《色戒》没有?
我吃过韩国菜。	我没吃过韩国菜。	你吃过韩国菜没有?

2 好几 +양사

화자가 수량이 많다고 느끼고 있을 때 표현하는 방식중의 하나이다.

1) 我有好几个男朋友。
2) 我去过好几次中国。
3) 他的信(xìn: 편지)我念(niàn: 읽다)了好几遍 (biàn: 번, 회) 。

3 左右

'~정도'로 해석되며, 어림을 나타낸다.

1) 我早上9点钟左右起床(qǐchuáng: 일어나다)。
2) 看起来(kànqǐlái: 보기에)她30岁左右。
3) 他请了10个人左右。

4 那么 + 형용사

'그렇게나 ~하다'라는 의미를 가진다.

1) 那么胖。 (pàng: 뚱뚱하다)
2) 那么漂亮。(piàoliang: 아름답다)
3) 那么残忍。(cánrěn: 잔인하다)

5 要 ~ 了

'곧 ~ 할 것이다' 의 뜻이다.

1) 明天要考试 (kǎoshì: 시험보다) 了, 我们回家吧。

2) 要下雨(xiàyǔ: 비오다)了, 快走吧。

6 你已经很久回过家了。已经好久没见了。

'了'는 일반적으로 '没'뒤에 올 수 없다. 그러나 여기에서는 '了'가 어기 조사의 의미로 사용되고 있다. (늘 예외라는 것도 있음을 보여주고 있다.)

문화로 배우는 틈새 중국어

 중국은 그야말로 가볼 만한 곳이 엄청 많은 곳이다. 방학만 되면 한국으로 서둘러 돌아가기보다 중국 내 여행을 하는 것도 중국을 배우는데 있어 많은 도움이 되리라 본다. 5000년 역사가 살아 숨 쉬는 중국다움을 맛보게 하는 北京의 웅장함, 세계적 경제 도시로 급부상 하고 있는 '현대적'도시 上海, 도시의 잡음 속에서 벗어나 사색의 시간을 갖고자 한다면 강남 (江南) 의 여러 도시들을 찾아다니는 것도 좋을 듯하다. 아무튼 백문이 불여일견 (百闻不如一见) 이니, 직접 눈으로 확인을 한다면 그 감회는 새로울 것이라고 확신한다.

즐거운 활용시간

01 问答 (묻고 답하기)

1. 回国以后你打算做什么？

2. 放假的时候，你想回国还是想到别的地方去旅游？

02 아래 제시어를 이용하여 질문과 답을 해보세요.

旅游	回家	起飞	睡觉	学习

03 아래 그림을 보고 예문과 같이 상상의 나래를 펼쳐보세요.

你回国打算做什么？　　她跟谁一起去旅游？

我打算去旅游。　她跟她爸爸妈妈一起去旅游。

04 아래 한어병음을 읽으며 중국어로 옮겨놓으세요.

huí guó   gāo xìng   dì fang   tàng

fēi jī   jī piào   hù zhào   fàng xīn   chà bu duō

05 了와 过중 알맞은 것을 써 넣으세요.
  1) 听说(tīng shuō: 듣자하니) 故宫（gùgōng: 고궁）很大，我还没去____。
  2) 我妈妈不在，她去___练歌房。
  3) 以前我在中国的时候，我女朋友来___。
  4) 我不认识(rènshi: 알다)他，没见___。
  5) 昨天晚上很喝___白酒。

06 那么를 이용하여 문장을 완성하세요.
  1) 这件衣服(yīfu: 옷) _____。
  2) 没想到（méixiǎngdào: 생각지도 못했다）她的哥哥_____。
  3) 北方的冬天（dōngtiān: 겨울）_____，我不想去。

번체자와 간체자 연습

興 일어날 홍				
兴 xìng				
護 지킬 호				
护 hù				
認 알 인				
认 rèn				
後 뒤 후				
后 hòu				

본문 해석 및 활용문제 정답

天上不会掉馅饼。

tiānshàngbúhuìdiàoxiànbǐng .

세상에는 공짜란 없다.

본문 해석

O1 你好!

역심   안녕!
도영   응! 너는?
역심   나도. 네 엄마는?
도영   엄마도 잘 지내셔!

O2 你要什么?

스튜어디스   뭐 마시겠어요?
도영   차주세요.
스튜어디스   뭐 드시겠어요?
도영   면이요.
스튜어디스   네. 여기요.
도영   고맙습니다.
스튜어디스   별말씀을요.

O3 你是哪国人?

직원: 당신은 어느 나라 사람이
        에요?
도영: 한국사람 입니다.
직원: 저 분은 누구입니까?
도영: 제 엄마에요.
직원: 당신 어머님은 중국사람
        입니까?
도영: 제 엄마는 중국인이 아니
        라, 한국인이에요.

O4 你去哪儿?

기사: 어디 가세요?
도영: 북경대요.
기사: 중국에 와서 뭐하시게요?
도영: 중국어를 배우려구요.
기사: 중국어 잘 하네요.
도영: 뭘요.
기사: 북경대 다 왔어요.
도영: 감사합니다! 안녕히 가세요.
기사: 잘가요.

O5 有朝南的房间吗?

본문 1

도영: 말씀 좀 묻겠는데요. 유학
        생 기숙사가 어디죠?
직원: 바로 여긴데요. 무슨 일이
        시죠?
도영: 방 때문에요.
직원: 이름이 어떻게 되죠?
도영: 저는 권도영이라고 해요.

본문 2

도영: 남향 방 있나요?
직원: 죄송해요. 없는데요. 북향
        이 있는데, 어쩌죠?
도영: 할 수 없죠. 북향이라도 주
        세요.
직원: 여기 열쇠요.

06 多少钱?

본문 1

도영: 나 국제전화를 좀 하려고 해. 어디서 하면 되지?
룸메이트: 방에서. 카드를 사야해.
도영: 어디서 사는데?
룸메이트: 기숙사 안내 데스크나 교문 앞.

본문 2

도영: 카드를 한 장 사려고 하는데요. 얼마에요?
카드 파는 사람: 30원짜리, 50원짜리, 100원 짜리. 얼마짜리 드릴까요?
도영: 50원 짜리요.
카드 파는 사람: 잔돈 있어요?
도영: 없는데요.
카드 파는 사람: 괜찮아요. 50원 거슬러 줄게요.

07 今天几月几日?

본문 1

도영: 등록 좀 하려고 하는데요.
직원: 여권은요?
도영: 여기요. 언제 수업 시작이죠?
직원: 9월 1일. 다음 주 월요일이요.

본문 2

도영: 오늘 몇 월 몇 일이야? 무슨 요일?
역심: 9월 6일. 금요일.
도영: 내일 수업 하니?
역심: 내일은 토요일이야. 수업 안 해. 월요일부터 금요일까지만 수업해.

08 现在几点?

본문 1

도영: 오늘 오후에 바쁘니?
역심: 오전엔 수업이 있어. 11시 30분에 끝나. 오후엔 시간 있어.
도영: 잘됐다. 너 나랑 같이 수퍼에 갈래?
역심: 11시 45분에 정류장에서 보자.
도영: 그래. 꼭 이다.

본문 2

역심: 지금 몇 시야?
동학: 10분전 12시. 무슨 일 있어?

역심: 세상에! 11시 45분에 친구
랑 만나기로 했어.

동학: 어디서 만나? 어디 갈 건
데?

역심: 정류장에서. 상점에 갈거야.

동학: 내 자전거 타고가.

역심: 고마워.

09 你家有几口人?

본문 1

역심: 이 사람이 네 오빠니? 정
말 멋있다!

도영: 내 큰오빠야.

역심: 너희 몇 식구야?

도영: 다섯 식구. 아빠, 엄마, 오
빠 둘, 그리고 나.

역심: 네 작은 오빠 참 귀엽다.

본문 2

역심: 네 엄마 올해 연세가 어떻
게 되셔?

도영: 69

역심: 네 큰오빠는 몇 살이야?

도영: 44

역심: 큰 오빠 딸은 몇 살이야?

도영: 열 세살. 중학교 1학년 이야.

10 你要吃面条还是要吃炒饭。

본문 1

도영: 난 중국 음식 잘 몰라. 네
가 시키는데 낫겠다.

역심: 너 면 먹을래 볶음밥 먹을
래?

도영: 난 볶음밥 먹을래.

역심: 우리 양주 볶음밥 먹자. 거
기 볶음밥이 유명하거든.

도영: 네 맘대로 해.

본문 2

역심: 우리 국 하나 시키자. 너
매운 거 좋아하지? 그래
안그래?

도영: 그래. 나 향채 싫어. 향채
넣지 마.

역심: 알았어. 너 소고기국 먹을
래 쏸라탕 먹을래?

도영: 다 괜찮아.

역심: 너 매운거 좋아하니까, 그
래도 쏸라탕이 낫겠다.
우리 간단히 먹을 만한 것
하나 시킬까?

도영: 됐어. 나 맥주 한 병 마실
래.

11 汉语难吗?

본문1

역심: 중국어 재밌니?

도영: 재밌긴 한데, 굉장히 어려워.

역심: 너 언제부터 배우기 시작했어?

도영: 대학교 1학년 때부터 배우기 시작했어.

역심: 난 한국어 배우고 싶어.

도영: 그럼 우리 서로 도와주자.

본문 2

역심: 선생님이 말씀 하시는 거다 알아듣니?

도영: 어떤 건 알아듣고, 어떤 건 못 알아들어.

역심: 이미 잘하고 있어. 유창하진 않지만 진보는 굉장히 빠르잖아.

도영: 뭘. 아직 멀었어.

역심: 외국어 하나 배우기 정말 힘들다.

도영: 누가 아니래.

12 最近我身体不好。

본문 1

도영: 요즘 몸이 좀 안 좋아. 계속 머리가 아파.

역심: 감기 아니니? 병원에 가봐.

도영: 아니야. 매일 기숙사에서

움직이지 않아서 온몸이 불편한 거야.

역심: 몸이 편치 않을 때는 많이 걸어야해.

도영: 난 걷는 게 제일 싫어.

역심: 정말 방법이 없구나.

본문 2

역심: 너 평소에 운동 하니?

도영: 한국에 있을 땐 요가를 했어.

역심: 난 평소에 태극권 해. 너도 해봐.

도영: 난 게을러. 움직이는 거 싫어해.

역심: 안 돼. 내일부터 시작해. 내가 데리러 올게.

도영: 아침에 나 늦잠 자야 돼. 저녁때 내가 알아서 캠퍼스를 걸어볼게.

13 新房子离学校近吗?

본문 1

도영: 나 이사하고 싶어.

역심: 기숙사에 사는 게 편하지 않니?

도영: 두 사람이 같이 쓰니까 불편해.

역심: 중국에 온지 며칠 됐다고,

벌써 룸메이트하고 싸웠니?

도영: 아냐. 룸메이트는 좋아. 근데, 난 자유롭고 싶어.

역심: 너 혼자 밖에 사는 거, 안 무섭니?

도영: 뭐가 무서워? 학교 근처는 분명히 안전할거야.

본문2

역심: 새 집 학교에서 가깝니?

도영: 비교적 가까워. 걸어서 10분이면 돼.

역심: 집에 뭐 있는데?

도영: 텔레비전, 냉장고, 세탁기, 침대 등. 필요한 건 다 있어.

역심: 에어컨은?

도영: 있어. 집세도 안 비싸.

14 你买什么礼物了?

본문 1

역심: 어제 백화점 가서 뭐 샀어?

도영: 나 어제 백화점 안 갔어. 학교 근처에서 백주 두 병하고 차 샀어.

역심: 어째서 나한테 전화를 안 했니?

도영: 수업 끝나고 가는 길에 샀어.

역심: 살 거 다 샀니? 다음엔 내가 같이 갈게.

도영: 그거 너무 좋지.

본문2

역심: 선물 다 샀니?

도영: 아니. 뭘 사야할 지 모르겠어.

역심: 중국의 백주와 차가 유명해.

도영: 내 친구가 다이어트 한대. 친구한테 주려고 다이어트 차 한 개 샀어.

역심: 이런 차는 마신 다음에, 속이 불편해.

도영: 알게 뭐야.

15 明天要回国了。

본문 1

역심: 내일이면 귀국하네, 좋으니?

도영: 사실, 다른 곳 여행가고 싶어. 근데, 엄마가 보고싶어 해.

역심: 너 이미 한동안 집에 안 갔었잖아.

도영: 그래서 한번 갔다 오기로 결정했어.

역심: 집에 가면 뭐 할 건데?

도영: 친구 만나려고, 오랫동안 못 봤거든.

본문 2

역심: 비행기 몇 시에 출발해?

도영: 3시 30분. 아직 두 시간 남았어. 얘기나 하자.

역심: 비행기표, 여권 다 챙겼니? 너 자주 잃어버리잖아. 안심이 안 돼.

도영: 예전에 잃어버렸었지. 이번엔 괜찮아. 어젯밤에 몇 번씩이나 확인했거든.

역심: 몇 시에 인천공항에 도착해?

도영: 한국 시간 저녁 6시 30분 정도.

역심: 그렇게 빨라! 어, 시간 다 됐어, 체크 인 해야지.

도영: 그래. 우리 한 달 후에 만나자!

활용문제 정답

01　你好!

1。哥哥　妈妈　老师
　　姐姐　爸爸　弟弟

02　你要什么?

1。什么　可乐　咖啡　吃
　　盖饭　谢谢　不客气　茶

03　你是哪国人?

1。韩国　中国　美国
　　哪国人　谁　是

04　你去哪儿?

1。哪儿　学习　做　汉语
　　再见　首尔　北京　生意
　　玩儿　结婚

05　有朝南的房间吗?

1。留学生　事情　房间
　　名字　朝南　怎么办
　　图书馆　外办

06　多少钱?

1。电话　房间　同屋　柜台
　　门口　多少　卡　国际

07　今天几月几日?

1。星期　报名　护照　开始
　　昨天　上课　几　从
　　到　今天

08　现在几点?

1。忙　时间　超市　车站
　　一言为定　不见不散　网吧
　　骑车　上班　差

2。十点，十点半（十点三十分），
　　十二点十五分（十二点一刻），一
　　点半（一点三十分），两点四十
　　分，三点十五分（三点一刻），五
　　点，六点，两点四十五分（两点二
　　刻，差十五分三点，差一刻三点）

09　你家有几口人?

1。帅　可爱　儿子　爷爷
　　年纪　漂亮　秘密　大姐
　　岁　口

10　你要吃面条还是要吃炒饭。

156

1。有名　随便　放　点心
　　炒饭　饺子　泡菜　瓶
　　烤鸭　火锅

11 汉语难吗?

1。汉语　意思　开始　帮助
　　懂　已经　流利　进步
　　快　容易

12 最近我身体不好。

1。最近　身体　头疼　感冒
　　医院　讨厌　舒服　应该
　　平时　锻炼

13 新房子离学校近吗?

1。搬家　方便　吵架　同屋
　　自由　附近　离　比较
　　学校　空调

2。1）才　2）才　3）就

3。1）从　　2）从
　　3）离　　4）离

14 你买什么礼物了?

1。白酒　电话　回家　顺便
　　路上　下次　礼物　东西
　　减肥　肚子

2。1）昨天喝了几瓶白酒。
　　2）写了三封信。
　　3）今天唱了中国歌。
　　4）昨天打了几次电话。
　　5）昨天我没去。
　　6）我没喝酒。

3。1）내가 너에게 나의 사진을 보
　　　여줄게(사진 보여줄게).
　　2）남자 친구는 나에게 지갑을
　　　사주었다(남자 친구가 지갑
　　　사줬어).
　　3）나는 그에게 문자를 안 보냈
　　　다(나 그 사람한테 문자 안
　　　보냈어).
　　4）엄마는 요즘 나에게 돈을 안
　　　주신다(엄마가 요즘 돈을 안
　　　주셔).

15 明天要回国了。

1。回国　高兴　地方　趟
　　打算　飞机　机票　护照
　　放心　差不多

2。1）过　2）了　3）过
　　4）过　5）了

MEMO

MEMO